CARRÉS CLASSIQUES COLLÈG

Collection COLLÈGE dirigée par
Cécile de Cazanove
Agrégée de Lettres modernes

Molière

Les Fourberies de Scapin

Comédie

1671

Texte intégral

Édition présentée par
Coralie Nuttens
Agrégée de Lettres modernes

Nathan

SOMMAIRE

Avant la lecture

Lire *Les Fourberies de Scapin*

Le dossier du collégien

ISBN : 978-209-188763-0

Avant la lecture

Qui êtes-vous, Monsieur Molière ?

◆ Comment est née votre vocation ?

Je suis né à Paris en janvier 1622. Je m'appelle **Jean-Baptiste Poquelin** et rien ne me destine à la scène : mon père est tapissier du roi et il compte sur moi pour lui succéder. Je découvre le théâtre avec mon grand-père qui m'emmène voir des spectacles de rue. J'assiste, ébloui, aux pièces inspirées par **la *commedia dell'arte***. Plus que tout autre, j'admire Scaramouche, un mime italien qui m'enchante par son jeu, ses grimaces et sa capacité à faire rire. Je me souviendrai de lui quand j'inventerai le personnage de Scapin. Je fais de solides études secondaires au collège de Clermont (actuel lycée Louis-le-Grand à Paris) puis j'obtiens une licence de droit. À vingt et un ans, je rencontre **une famille de comédiens, les Béjart** ; ma vie va changer.

« Je découvre le théâtre avec mon grand-père. »

Malgré l'opposition farouche de mon père qui menace de me déshériter, je fonde une troupe, **l'Illustre-Théâtre**.

◆ Racontez-nous vos débuts dans le métier.

La troupe porte mal son nom : nous jouons des tragédies sans grand succès et, rapidement, c'est la faillite. Comme Scapin, j'ai quelques démêlés avec la justice et je passe quelques jours en prison, pour dettes.

Je décide alors de tenter ma chance en province, où la concurrence est moins rude qu'à Paris. Nous partons sur les routes de France et, pendant treize années, j'apprends le métier que j'ai choisi. Je me mets à écrire **des farces** qui triomphent auprès des spectateurs. De retour à Paris, en 1658, nous sommes enfin connus et devenons la troupe de Monsieur, frère de Louis XIV.

◆ Quand vient le succès ?

Nous jouons pour la première fois devant le roi le 24 octobre 1658. Nous interprétons pour lui une petite farce que j'ai écrite, *Le Docteur amoureux*. Louis XIV rit aux éclats !

En 1659 ma première grande comédie, *Les Précieuses ridicules*, est applaudie à tout rompre et les pièces suivantes connaissent beaucoup de succès... et des critiques aussi. Je me détache peu à peu de la farce pour écrire et interpréter **des pièces qui dénoncent les défauts humains**. Ceux qui se sentent visés attaquent mes pièces, *Le Misanthrope* par exemple, et les font même interdire, comme *Le Tartuffe* ou *Dom Juan*. Heureusement, le roi me protège et me commande des pièces pour se divertir.

◆ Dans quelles circonstances avez-vous écrit *Les Fourberies de Scapin* ?

La mode est aux **comédies-ballets**. À la demande du roi, je collabore avec le musicien italien, Jean-Baptiste Lully, pour *Le Bourgeois gentilhomme* en 1670 puis pour *Psyché* en 1671. Cette pièce à grand spectacle est présentée à la Cour dans la grande salle des Tuileries. Le succès est tel que je décide de la jouer devant les Parisiens au Théâtre du Palais-Royal. Toutefois, pour installer les décors et les machineries, il faut faire des travaux importants dans la salle. C'est pourquoi j'écris à toute allure une courte pièce qui ne demande que quelques accessoires, afin de gagner l'argent nécessaire à mon projet. Ce sera une comédie, ***Les Fourberies de Scapin***, créée le 24 mai 1671. La pièce ne tient que dix-huit représentations, jusqu'au 24 juillet, date de la première de *Psyché*.

« Le roi me protège et me commande des pièces pour se divertir. »

Je ne reprendrai jamais le rôle de Scapin car ma santé se dégrade. J'écris encore quelques pièces, mais au cours de la quatrième représentation du *Malade imaginaire*, je m'effondre sur scène. ■

Molière meurt le 17 février 1673, à cinquante et un ans, d'une fluxion de poitrine. Il a écrit, mis en scène et joué plus de trente comédies.

La France au temps de Molière

> « *Molière contribue à la gloire et au rayonnement du Roi-Soleil.* »

◆ La France dans la seconde moitié du XVIIe siècle

La France de 1671 compte environ vingt millions d'habitants. C'est une société divisée en trois ordres bien distincts : **le clergé, la noblesse et le tiers état**. Ce dernier, qui représente la majeure partie de la population, comprend les paysans, les bourgeois, mais aussi leurs domestiques, comme Scapin ou Silvestre.

À la mort de Louis XIII, son successeur, le futur Louis XIV, n'a que cinq ans. Sa mère, Anne d'Autriche, aidée du puissant ministre Mazarin, assure la régence. En 1661, Louis XIV commence à régner en monarque absolu sur le pays. Soucieux de son prestige, il défend les arts et subventionne, en particulier, la troupe de Molière qui, par son talent et ses succès, contribue à la gloire et au rayonnement du **Roi-Soleil**.

◆ Les bourgeois

L'intrigue des *Fourberies de Scapin* se déroule à Naples. Cependant Argante et Géronte illustrent parfaitement

1622	Naissance de Molière
1637	Corneille, *Le Cid*
1638	Naissance de Louis XIV
1643	Création de la troupe de l'Illustre-Théâtre ; Mort de Louis XIII, Régence d'Anne d'Autriche et de Mazarin
1646-1658	Tournée en province
1648-1653	Troubles de la Fronde, révolte de la noblesse
1659	*Les Précieuses ridicules*

une évolution de la société française du XVIIe siècle : le pays vit alors une période de **prospérité économique** qui enrichit les bourgeois ; les deux pères sont de riches marchands aux affaires florissantes. Ils sont soucieux d'augmenter leurs fortunes, en particulier en mariant leurs fils avec des jeunes filles également fortunées.

◆ Le théâtre au temps de Molière

Le Théâtre du Palais-Royal, la pièce des *Fourberies de Scapin* est créée en 1671, peut accueillir mille cinq cents personnes. Les places coûtent quinze sous (l'équivalent d'une dizaine d'euros) pour le parterre, où les spectateurs sont debout, cent dix sous pour les galeries et les loges. Les personnages importants prennent place sur la scène elle-même, où des fauteuils sont installés. Ainsi, ils sont sûrs de voir et surtout d'être vus ! Les représentations ont lieu en général dans l'après-midi ; la scène est éclairée par un système de chandelles dont la lumière se reflète sur de petits miroirs, la rampe.

> *« Les comédies de Molière font rire tout le monde. »*

Les comédies de Molière font rire tout le monde, du noble de la Cour au modeste artisan des quartiers populaires de Paris. ■

- 1661 : Début du règne de Louis XIV
- 1664 : *Le Tartuffe*
- 1665 : *Dom Juan*
- 1666 : *Le Misanthrope*
- 1667 : Racine, *Andromaque*
- 1668 : *L'Avare* ; La Fontaine, *Fables* (six premiers livres)
- 1670 : *Le Bourgeois gentilhomme*
- 1671 : *Psyché*. *Les Fourberies de Scapin*
- 1673 : *Le Malade imaginaire*. Mort de Molière

Qui sont les personnages ?

Les pères

Argante

Le père d'Octave est autoritaire, colérique mais humain.

➨ *Acceptera-t-il le mariage de son fils ?*

Géronte

Cet avare fait passer son argent avant son fils Léandre.

➨ *Pourquoi Scapin s'acharne-t-il autant sur lui ?*

Les valets

Scapin

Tout en agilité physique et intellectuelle, Scapin veut faire triompher l'amour et la jeunesse.

➨ *Combien de fourberies devra-t-il inventer pour réussir cette mission ?*

Silvestre

Argante lui a confié Octave pendant son absence. Une bien lourde tâche pour un valet qui n'aime pas l'imprévu...

➨ *Scapin arrivera-t-il à l'entraîner dans ses fourberies ?*

Les fils

Octave

Pendant l'absence de son père, il a épousé Hyacinte en cachette. Son père a, pour lui, d'autres projets de mariage.

➨ *Prendra-t-il assez d'assurance pour imposer son choix à Argante ?*

Léandre

Beaucoup plus impulsif que son ami Octave, il est amoureux d'une Égyptienne.

➨ *Comment faire quand on est le fils d'un père aussi tyrannique que Géronte ?*

Les jeunes filles

Hyacinte

Jeune fille douce et fidèle, elle vient de perdre sa mère et se retrouve sans ressources à Naples.

➨ *Trouvera-t-elle du réconfort auprès d'Octave ?*

Zerbinette

Cette Égyptienne, rieuse et débordante de vie, a la langue bien pendue.

➨ *Ses bavardages et ses éclats de rire ne vont-ils pas lui jouer des tours ?*

Lire...

Les Fourberies de Scapin

Comédie (1671)

Molière

TEXTE INTÉGRAL

Les personnages

- **Argante**, père d'Octave et de Zerbinette.
- **Géronte**, père de Léandre et de Hyacinte.
- **Octave**, fils d'Argante, et amant[1] de Hyacinte.
- **Léandre**, fils de Géronte, et amant de Zerbinette.
- **Zerbinette**, crue Égyptienne[2] et reconnue fille d'Argante, et amante de Léandre.
- **Hyacinte**, fille de Géronte, et amante d'Octave.
- **Scapin**, valet de Léandre, et fourbe[3].
- **Silvestre**, valet d'Octave.
- **Nérine**, nourrice de Hyacinte.
- **Carle**, fourbe.
- **Deux porteurs**.

La scène est à Naples.

1. **Amant :** qui aime et qui est aimé en retour.
2. **Crue Égyptienne :** prise pour une bohémienne.
3. **Fourbe :** Rusé.

ACTE I

Scène 1

Octave, Silvestre

Octave. – Ah ! fâcheuses[1] nouvelles pour un cœur amoureux ! Dures extrémités où je me vois réduit[2] ! Tu viens, Silvestre, d'apprendre au port que mon père revient ?

Silvestre. – Oui.

Octave. – Qu'il arrive ce matin même ?

Silvestre. – Ce matin même.

Octave. – Et qu'il revient dans la résolution de me marier ?

Silvestre. – Oui.

Octave. – Avec une fille du seigneur Géronte ?

Silvestre. – Du seigneur Géronte.

Octave. – Et que cette fille est mandée[3] de Tarente[4] ici pour cela ?

Silvestre. – Oui.

Octave. – Et tu tiens ces nouvelles de mon oncle ?

Silvestre. – De votre oncle.

Octave. – À qui mon père les a mandées par une lettre ?

Silvestre. – Par une lettre.

Octave. – Et cet oncle, dis-tu, sait toutes nos affaires ?

Silvestre. – Toutes nos affaires.

Octave. – Ah ! parle, si tu veux, et ne te fais point, de la sorte, arracher les mots de la bouche.

L'exposition

Les premières scènes d'une pièce de théâtre présentent les personnages, leurs liens et la situation au lever du rideau. Les spectateurs ont ainsi tous les éléments pour suivre l'intrigue qui commence.

1. **Fâcheuses :** mauvaises.
2. **Dures extrémités où je me vois réduit ! :** je suis confronté à une terrible situation !
3. **Mandée :** envoyée.
4. **Tarente :** port de l'Italie du Sud.

SILVESTRE. – Qu'ai-je à parler davantage? Vous n'oubliez aucune circonstance, et vous dites les choses tout justement comme elles sont.

OCTAVE. – Conseille-moi, du moins, et me dis[1] ce que je dois faire dans ces cruelles conjonctures[2].

SILVESTRE. – Ma foi! je m'y trouve autant embarrassé que vous, et j'aurais bon[3] besoin que l'on me conseillât moi-même.

OCTAVE. – Je suis assassiné[4] par ce maudit retour.

SILVESTRE. – Je ne le suis pas moins.

OCTAVE. – Lorsque mon père apprendra les choses, je vais voir fondre sur moi un orage soudain d'impétueuses réprimandes[5].

SILVESTRE. – Les réprimandes ne sont rien; et plût au Ciel que j'en fusse quitte[6] à ce prix! mais j'ai bien la mine, pour moi, de payer[7] plus cher vos folies, et je vois se former de loin un nuage de coups de bâton qui crèvera sur mes épaules.

OCTAVE. – Ô Ciel! par où sortir de l'embarras[8] où je me trouve?

SILVESTRE. – C'est à quoi vous deviez songer, avant que de vous y jeter.

OCTAVE. – Ah! tu me fais mourir par tes leçons hors de saison.

SILVESTRE. – Vous me faites bien plus mourir par vos actions étourdies.

OCTAVE. – Que dois-je faire? Quelle résolution prendre? À quel remède recourir?

1. **Me dis :** dis-moi.
2. **Conjonctures :** circonstances.
3. **Bon :** bien.
4. **Assassiné :** anéanti.
5. **D'impétueuses réprimandes :** de violents reproches.
6. **Que j'en fusse quitte :** si seulement je pouvais m'en tirer.
7. **J'ai bien la mine, pour moi, de payer :** j'ai bien l'air de quelqu'un qui paiera.
8. **L'embarras :** la situation difficile.

Pause lecture 1

Avez-vous bien lu ?

- Avec qui Argante souhaite-t-il marier son fils Octave ?

❑ une sœur de Léandre. ❑ une de ses nièces. ❑ une fille du seigneur Géronte.

Au fil du texte

1. Pourquoi le retour d'Argante est-il synonyme pour Octave de « fâcheuses nouvelles » (l. 1) ?
2. Comment se fait l'enchaînement des répliques entre Octave et Silvestre ? Qui conduit l'interrogatoire ? Les réponses de Silvestre apportent-elles des informations nouvelles ? De quoi rit le spectateur ?
3. Que reproche Octave à son valet Silvestre ? Qu'attend-il de lui ?
4. Que reproche Silvestre à son maître Octave ?
5. **Zoom sur les lignes 29 à 37**

   a. Quels procédés d'écriture sont utilisés dans les citations suivantes :

   « Je suis assassiné par ce maudit retour. » (l.29) / « Je vais voir fondre sur moi un orage soudain d'impétueuses réprimandes. » (l.31-33) (voir Lexique p. 136)

   b. Quelle image Silvestre lui oppose-t-il (l. 36-37) ? Montrez qu'elle fonctionne sur un effet de reprise et d'opposition.

   c. Que révèlent les propos de Silvestre sur la condition des valets ?
6. Relevez les répétitions de mots ou l'emploi de mots de la même famille (l. 25 à 46) et commentez les effets obtenus.

7 Quel est le type de phrases majoritairement utilisé dans la première partie du texte ? Qu'est-ce qu'une interjection ? Relevez une interjection fréquemment employée dans la scène.

8 Relevez les pronoms personnels sujets employés respectivement par Octave pour s'adresser à Silvestre et par Silvestre pour s'adresser à Octave ? Quelle indication donnent-ils sur leur condition sociale ?

Pour conclure

9 Quels sentiments Octave laisse-t-il paraître dans cette scène ?

10 Montrez que Molière parvient à donner des informations tout en laissant du suspense : quels personnages sont présents ou mentionnés dans cette scène ? Qui sont les grands absents ?

Vocabulaire Le lexique du conseil et des reproches

▸ Trouvez deux synonymes du mot *conseil* et deux synonymes du mot *réprimandes*.

Écriture

Vous demandez à votre frère ou à votre sœur de vous conseiller sur la manière d'agir pour éviter les reproches de votre père qui désapprouve votre conduite. Écrivez le dialogue en reprenant les synonymes trouvés pour les mots *conseil* et *réprimandes* (voir Vocabulaire).

Scène 2

SCAPIN, OCTAVE, SILVESTRE

SCAPIN. – Qu'est-ce, seigneur Octave, qu'avez-vous? Qu'y a-t-il? Quel désordre est-ce là? Je vous vois tout troublé.

OCTAVE. – Ah! mon pauvre Scapin, je suis perdu, je suis désespéré, je suis le plus infortuné[1] de tous les hommes.

SCAPIN. – Comment?

OCTAVE. – N'as-tu rien appris de ce qui me regarde[2]?

SCAPIN. – Non.

OCTAVE. – Mon père arrive avec le seigneur Géronte, et ils me veulent marier.

SCAPIN. – Hé bien! qu'y a-t-il là de si funeste[3]?

OCTAVE. – Hélas! tu ne sais pas la cause de mon inquiétude?

SCAPIN. – Non; mais il ne tiendra qu'à vous que je ne la sache bientôt; et je suis homme consolatif[4], homme à m'intéresser aux affaires des jeunes gens.

OCTAVE. – Ah! Scapin, si tu pouvais trouver quelque invention, forger quelque machine[5], pour me tirer de la peine où je suis, je croirais t'être redevable[6] de plus que de la vie.

SCAPIN. – À vous dire la vérité, il y a peu de choses qui me soient impossibles, quand je m'en veux mêler. J'ai sans doute reçu du Ciel un génie assez beau pour toutes les fabriques de ces gentillesses d'esprit[7], de ces galanteries ingénieuses[8] à qui le vulgaire[9] ignorant donne le nom de fourberies[10]; et je puis

Scapin

Scapin est un personnage de la *commedia dell'arte*, comédie italienne populaire dans laquelle les acteurs masqués jouent et improvisent des « types » (le valet, le « barbon » ou vieil homme...). *Scapin* vient du verbe italien *scappare* qui signifie « s'échapper ». Le serviteur se tire en effet de toutes les situations par ses manigances ou fourberies.

1. **Infortuné :** malheureux.
2. **Ce qui me regarde :** à mon sujet.
3. **Funeste :** catastrophique.
4. **Consolatif :** qui sait consoler.
5. **Forger quelque machine :** imaginer une ruse.
6. **Redevable :** reconnaissant.
7. **Gentillesses d'esprit :** inventions.
8. **Galanteries ingénieuses :** tours adroits.
9. **Le vulgaire :** peuple.
10. **Fourberies :** ruses.

dire, sans vanité, qu'on n'a guère vu d'homme qui fût plus habile ouvrier de ressorts[1] et d'intrigues, qui ait acquis plus de gloire que moi dans ce noble métier : mais, ma foi ! le mérite[2] est trop maltraité aujourd'hui, et j'ai renoncé à toutes choses depuis certain chagrin[3] d'une affaire qui m'arriva.

OCTAVE. – Comment ? Quelle affaire, Scapin ?

SCAPIN. – Une aventure où je me brouillai avec la justice.

OCTAVE. – La justice !

SCAPIN. – Oui, nous eûmes un petit démêlé[4] ensemble.

SILVESTRE. – Toi et la justice !

SCAPIN. – Oui. Elle en usa[5] fort mal avec moi, et je me dépitai[6] de telle sorte contre l'ingratitude du siècle[7] que je résolus[8] de ne plus rien faire. Baste[9] ! Ne laissez pas de[10] me conter votre aventure.

OCTAVE. – Tu sais, Scapin, qu'il y a deux mois que le seigneur Géronte et mon père s'embarquèrent ensemble pour un voyage qui regarde certain commerce où leurs intérêts sont mêlés.

SCAPIN. – Je sais cela.

OCTAVE. – Et que Léandre et moi nous fûmes laissés par nos pères, moi sous la conduite de Silvestre, et Léandre sous ta direction.

SCAPIN. – Oui : je me suis fort bien acquitté de ma charge.

OCTAVE. – Quelque temps après, Léandre fit rencontre d'une jeune Égyptienne dont il devint amoureux.

SCAPIN. – Je sais cela encore.

1. **Ressorts :** machinations.
2. **Mérite :** talent.
3. **Certain chagrin :** très gros ennui.
4. **Démêlé :** conflit.
5. **En usa :** agit.
6. **Je me dépitai :** je me fâchai.
7. **Du siècle :** des gens.
8. **Je résolus :** je décidai.
9. **Baste ! :** ça suffit !
10. **Ne laissez pas de :** continuez à.

OCTAVE. – Comme nous sommes grands amis, il me fit aussitôt confidence de son amour, et me mena voir cette fille, que je trouvai belle à la vérité, mais non pas tant qu'il voulait que je la trouvasse. Il ne m'entretenait[11] que d'elle chaque jour, m'exagérait à tous moments sa beauté et sa grâce, me louait son esprit, et me parlait avec transport[12] des charmes de son entretien[13], dont il me rapportait jusqu'aux moindres paroles, qu'il s'efforçait toujours de me faire trouver les plus spirituelles[14] du monde. Il me querellait quelquefois de n'être pas assez sensible aux choses qu'il me venait dire, et me blâmait sans cesse de l'indifférence où j'étais pour les feux de l'amour.

SCAPIN. – Je ne vois pas encore où ceci veut aller.

OCTAVE. – Un jour que je l'accompagnais pour aller chez les gens qui gardent l'objet de ses vœux[15], nous entendîmes, dans une petite maison d'une rue écartée, quelques plaintes mêlées de beaucoup de sanglots. Nous demandons ce que c'est. Une femme nous dit, en soupirant, que nous pouvions voir là quelque chose de pitoyable en des personnes étrangères, et qu'à moins que d'être insensibles, nous en serions touchés.

SCAPIN. – Où est-ce que cela nous mène ?

OCTAVE. – La curiosité me fit presser[16] Léandre de voir ce que c'était. Nous entrons dans une salle, où nous voyons une vieille femme mourante, assistée d'une servante qui faisait des regrets[17], et d'une jeune fille toute fondante en larmes, la plus belle et la plus touchante qu'on puisse jamais voir.

SCAPIN. – Ah, ah !

L'Égyptienne

Au XVIIe siècle, sont appelées « Égyptiennes » les bohémiennes diseuses de bonne aventure – un art traditionnel des Égyptiens depuis l'Antiquité – qui parcourent l'Europe.

11. **M'entretenait :** me parlait.
12. **Avec transport :** avec passion.
13. **Son entretien :** sa conversation.
14. **Spirituelles :** intelligentes.
15. **L'objet de ses vœux :** la jeune fille qu'il aime.
16. **Presser :** insister auprès de.
17. **Faisait des regrets :** manifestait son chagrin.

OCTAVE. – Une autre aurait paru effroyable en l'état où elle était; car elle n'avait pour habillement qu'une méchante petite jupe avec des brassières[1] de nuit qui étaient de simple futaine[2]; et sa coiffure était une cornette[3] jaune, retroussée au haut de sa tête, qui laissait tomber en désordre ses cheveux sur ses épaules; et cependant, faite[4] comme cela, elle brillait de mille attraits[5], et ce n'était qu'agréments[6] et que charmes que toute sa personne.

SCAPIN. – Je sens venir les choses.

OCTAVE. – Si tu l'avais vue, Scapin, en l'état que je dis, tu l'aurais trouvée admirable.

SCAPIN. – Oh! je n'en doute point; et, sans l'avoir vue, je vois bien qu'elle était tout à fait charmante.

OCTAVE. – Ses larmes n'étaient point de ces larmes désagréables qui défigurent un visage; elle avait à pleurer une grâce touchante, et sa douleur était la plus belle du monde.

SCAPIN. – Je vois tout cela.

OCTAVE. – Elle faisait fondre chacun en larmes, en se jetant amoureusement[7] sur le corps de cette mourante, qu'elle appelait sa chère mère; et il n'y avait personne qui n'eût l'âme percée de voir un si bon naturel.

SCAPIN. – En effet, cela est touchant; et je vois bien que ce bon naturel-là vous la fit aimer.

OCTAVE. – Ah! Scapin, un barbare[8] l'aurait aimée.

SCAPIN. – Assurément: le moyen de s'en empêcher?

OCTAVE. – Après quelques paroles, dont je tâchai d'adoucir la douleur de cette charmante affligée[9], nous sortîmes de là; et

1. **Brassières :** chemises à manches longues.
2. **Futaine :** tissu ordinaire.
3. **Une cornette :** un bonnet.
4. **Faite :** habillée.
5. **Attraits :** charmes.
6. **Agréments :** qualités.
7. **Amoureusement :** avec une grande affection.
8. **Un barbare :** une brute.
9. **Affligée :** attristée.

Ci-contre :
Scapin, en costume de la *commedia dell'arte*, gravure, XIXᵉ siècle.

demandant à Léandre ce qui lui semblait de cette personne, il me répondit froidement qu'il la trouvait assez jolie. Je fus piqué[1] de la froideur avec laquelle il m'en parlait, et je ne voulus point lui découvrir l'effet que ses beautés avaient fait sur mon âme.

SILVESTRE, à *Octave*. – Si vous n'abrégez ce récit, nous en voilà pour jusqu'à demain. Laissez-le-moi finir en deux mots. *(À Scapin)* Son cœur prend feu dès ce moment. Il ne saurait plus vivre, qu'il n'aille[2] consoler son aimable affligée. Ses fréquentes visites sont rejetées de la servante, devenue la gouvernante par le trépas[3] de la mère : voilà mon homme au désespoir. Il presse, supplie, conjure[4] : point d'affaire[5]. On lui dit que la fille, quoique sans bien, et sans appui, est de famille honnête ; et qu'à moins que de l'épouser, on ne peut souffrir ses poursuites[6]. Voilà son amour augmenté par les difficultés. Il consulte dans sa tête[7], agite[8], raisonne, balance[9], prend sa résolution[10] : le voilà marié avec elle depuis trois jours.

SCAPIN. – J'entends.

SILVESTRE. – Maintenant mets avec cela le retour imprévu du père, qu'on n'attendait que dans deux mois ; la découverte que l'oncle a faite du secret de notre mariage, et l'autre mariage qu'on veut faire de lui[11] avec la fille que le seigneur Géronte a eue d'une seconde femme qu'on dit qu'il a épousée à Tarente.

OCTAVE. – Et par-dessus tout cela, mets encore l'indigence[12] où se trouve cette aimable personne, et l'impuissance où je me vois d'avoir de quoi la secourir.

1. **Piqué :** vexé.
2. **Qu'il n'aille :** sans aller.
3. **Le trépas :** la mort.
4. **Conjure :** supplie.
5. **Point d'affaire :** rien à faire.
6. **Souffrir ses poursuites :** supporter qu'il lui fasse la cour.
7. **Il consulte dans sa tête :** il réfléchit.
8. **Agite :** examine le problème.
9. **Balance :** hésite.
10. **Résolution :** décision.
11. **De lui :** d'Octave.
12. **L'indigence :** la pauvreté.

SCAPIN. – Est-ce là tout? Vous voilà bien embarrassés tous deux pour une bagatelle[13]. C'est bien là de quoi se tant alarmer. N'as-tu point de honte, toi, de demeurer court[14] à si peu de chose? Que diable! te voilà grand et gros comme père et mère, et tu ne saurais trouver dans ta tête, forger dans ton esprit quelque ruse galante[15], quelque honnête petit stratagème, pour ajuster vos affaires? Fi! peste soit du butor[16]! Je voudrais bien que l'on m'eût donné autrefois nos vieillards à duper[17]; je les aurais joués tous deux par-dessous la jambe[18]; et je n'étais pas plus grand que cela que je me signalais déjà par cent tours d'adresse jolis[19].

SILVESTRE. – J'avoue que le Ciel ne m'a pas donné tes talents, et que je n'ai pas l'esprit, comme toi, de me brouiller avec la justice.

OCTAVE. – Voici mon aimable Hyacinte.

13. **Une bagatelle :** un rien, une affaire sans importance.
14. **De demeurer court :** de ne pas savoir quoi faire.
15. **Galante :** adroite.
16. **Peste soit du butor ! :** Maudit soit le sot !
17. **À duper :** à tromper.
18. **Joué tous deux par-dessous la jambe :** trompés tous les deux sans difficulté.
19. **Jolis :** remarquables.

Pause lecture 2 ACTE I ◆ scène 2

Avez-vous bien lu ?

- En l'absence de son père, Léandre :

❑ a épousé Hyacinte. ❑ a dépensé beaucoup d'argent.

❑ est tombé amoureux d'une Égyptienne.

Au fil du texte

1. Qu'a fait Octave en l'absence de son père ?
2. Pour quelle raison les pères se sont-ils absentés ? À qui ont-ils confié leurs fils ?
3. **Zoom sur les lignes 71 à 100**

   a. Quelles personnes sont réunies dans la salle ? Quelle situation est décrite ici ?

   b. Quelle est la tenue de Hyacinte ? Que révèle-t-elle sur sa situation matérielle ?

   c. Relevez le champ lexical des larmes. (Voir Lexique p. 136) Montrez que les pleurs ne font que rehausser le charme de la jeune fille.

   d. En quoi la scène est-elle pathétique ? (Voir Lexique p. 136)
4. Pourquoi Silvestre achève-t-il lui-même le récit d'Octave ? (l. 109-121) Quel temps utilise-t-il ? Pourquoi ?
5. Quelles sont les réactions d'Octave à la vue de celle qu'aime Léandre (l. 50-60) et de Léandre à la vue de la jeune femme aimée par Octave (l. 105-108) ? En quoi est-ce comique ? Montrez que l'attitude des jeunes hommes illustre le proverbe selon lequel l'amour est aveugle.
6. Quelle est la réaction de Scapin au récit d'Octave (l. 85, l. 93, l. 101, l. 122) ? Quel mot utilise-t-il pour désigner la situation difficile dans laquelle se trouve Octave (l. 133) ? Sur quel ton parle-t-il ?

7 Relevez le champ lexical de la ruse (l. 136-142). (Voir Lexique p. 136)

8 En quoi la remarque finale de Silvestre à la fin de la scène est-elle ironique ?

Pour conclure

9 Montrez que cette scène complète l'exposition de la scène 1.

10 Quels sont les différents traits de caractère de Scapin révélés dans cette scène ?

Vocabulaire Le lexique de la ruse

Quel est l'intrus dans les listes suivantes ?

1. Fourberies – intrigues – ruses – idylles. **2.** Berner – tromper – surprendre – duper. **3.** Rusé – flatteur – malin – astucieux. **4.** Tromperie – rouerie – tricherie – trahison.

Lire une image

Scapin, gravure XIXe siècle (p. 23)

1 À l'aide des mots suivants, décrivez les vêtements que porte Scapin : collerette, justaucorps, pantalon, bas, souliers, cape.

2 Trois accessoires accompagnent cette tenue. Lesquels ? À votre avis, à quoi servent-ils ?

3 Montrez que ce costume traditionnel correspond bien aux caractéristiques principales du héros : agilité, ruse et détermination.

Recherche

Sganarelle, comme Scapin, est un valet présent dans plusieurs comédies de Molière. Lesquelles ? En quoi est-il proche de Scapin ?

Scène 3

HYACINTE, OCTAVE, SCAPIN, SILVESTRE

HYACINTE. – Ah ! Octave, est-il vrai ce que Silvestre vient de dire à Nérine ? que votre père est de retour, et qu'il veut vous marier ?

OCTAVE. – Oui, belle Hyacinte, et ces nouvelles m'ont donné une atteinte[1] cruelle. Mais que vois-je ? vous pleurez ! Pourquoi ces larmes ? Me soupçonnez-vous, dites-moi, de quelque infidélité, et n'êtes-vous pas assurée de l'amour que j'ai pour vous ?

HYACINTE. – Oui, Octave, je suis sûre que vous m'aimez ; mais je ne le suis pas que vous m'aimiez toujours.

OCTAVE. – Eh ! peut-on vous aimer qu'on ne vous aime[2] toute sa vie ?

HYACINTE. – J'ai ouï[3] dire, Octave, que votre sexe[4] aime moins longtemps que le nôtre, et que les ardeurs[5] que les hommes font voir sont des feux qui s'éteignent aussi facilement qu'ils naissent.

OCTAVE. – Ah ! ma chère Hyacinte, mon cœur n'est donc pas fait comme celui des autres hommes, et je sens bien pour moi que je vous aimerai jusqu'au tombeau.

HYACINTE. – Je veux croire que vous sentez ce que vous dites, et je ne doute point que vos paroles ne soient sincères ; mais je crains un pouvoir[6] qui combattra dans votre cœur les tendres sentiments que vous pouvez avoir pour moi. Vous dépendez d'un père, qui veut vous marier à une autre personne ; et je suis sûre que je mourrai, si ce malheur m'arrive.

1. **Une atteinte :** un coup.
2. **Qu'on ne vous aime :** sans vous aimer.
3. **Ouï :** entendu.
4. **Votre sexe :** les hommes.
5. **Les ardeurs :** l'amour.
6. **Un pouvoir :** le pouvoir de votre père.

Octave. – Non, belle Hyacinte, il n'y a point de père qui puisse me contraindre à vous manquer de foi[7], et je me résoudrai[8] à quitter mon pays, et le jour[9] même, s'il est besoin, plutôt qu'à vous quitter. J'ai déjà pris, sans l'avoir vue, une aversion[10] effroyable pour celle que l'on me destine ; et, sans être cruel, je souhaiterais que la mer l'écartât d'ici pour jamais. Ne pleurez donc point, je vous prie, mon aimable Hyacinte, car vos larmes me tuent, et je ne les puis voir sans me sentir percer le cœur.

Hyacinte. – Puisque vous le voulez, je veux bien essuyer mes pleurs, et j'attendrai d'un œil constant[11] ce qu'il plaira au Ciel de résoudre[12] de moi.

Octave. – Le Ciel nous sera favorable.

Hyacinte. – Il ne saurait m'être contraire, si vous m'êtes fidèle.

Octave. – Je le serai assurément.

Hyacinte. – Je serai donc heureuse.

Scapin, *à part.* – Elle n'est pas tant sotte, ma foi ! et je la trouve assez passable.

Octave, *montrant Scapin.* – Voici un homme qui pourrait bien, s'il le voulait, nous être, dans tous nos besoins, d'un secours merveilleux.

Scapin. – J'ai fait de grands serments de ne me mêler plus du monde ; mais, si vous m'en priez bien fort tous deux, peut-être…

L'autorité du père de famille

Au XVIIe siècle, les jeunes gens ne sont pas autorisés à se marier sans l'accord de leur père. La majorité matrimoniale est alors à vingt-cinq ans pour les femmes et à trente ans pour les hommes. De plus, le mariage, chez des bourgeois comme Argante et Géronte, est avant tout un accord financier.

7. **À vous manquer de foi :** à ne pas vous être fidèle.
8. **Je me résoudrai :** je suis déterminé.
9. **Le jour :** la vie.
10. **Aversion :** haine.
11. **Constant :** courageux.
12. **Résoudre :** décider.

OCTAVE. – Ah ! s'il ne tient qu'à te prier bien fort pour obtenir ton aide, je te conjure de tout mon cœur de prendre la conduite de notre barque[1].

SCAPIN, *à Hyacinte*. – Et vous, ne me dites-vous rien ?

HYACINTE. – Je vous conjure, à son exemple, par tout ce qui vous est le plus cher au monde, de vouloir servir notre amour.

SCAPIN. – Il faut se laisser vaincre, et avoir de l'humanité. Allez, je veux m'employer pour vous[2].

OCTAVE. – Crois que…

SCAPIN, *à Octave*. – Chut ! *(À Hyacinte)* Allez-vous-en, vous, et soyez en repos. *(À Octave)* Et vous, préparez-vous à soutenir avec fermeté l'abord[3] de votre père.

OCTAVE. – Je t'avoue que cet abord me fait trembler par avance, et j'ai une timidité naturelle que je ne saurais vaincre.

SCAPIN. – Il faut pourtant paraître ferme au premier choc, de peur que, sur votre faiblesse, il ne prenne le pied de[4] vous mener comme un enfant. Là, tâchez de vous composer par étude[5]. Un peu de hardiesse, et songez à répondre résolument[6] sur tout ce qu'il pourra vous dire.

OCTAVE. – Je ferai du mieux que je pourrai.

SCAPIN. – Çà, essayons un peu pour vous accoutumer. Répétons un peu votre rôle et voyons si vous ferez bien. Allons. La mine résolue, la tête haute, les regards assurés.

OCTAVE. – Comme cela ?

SCAPIN. – Encore un peu davantage.

OCTAVE. – Ainsi ?

1. **Notre barque :** nos affaires.
2. **M'employer pour vous :** vous aider.
3. **L'abord :** la rencontre.
4. **Il ne prenne le pied de :** il ne profite de votre faiblesse pour.
5. **Composer par étude :** préparer votre attitude.
6. **Résolument :** fermement.

Scapin. – Bon. Imaginez-vous que je suis votre père qui arrive, et répondez-moi fermement, comme si c'était à lui-même. « Comment, pendard, vaurien, infâme, fils indigne d'un père comme moi, oses-tu bien paraître devant mes yeux, après tes bons déportements[7], après le lâche tour que tu m'as joué pendant mon absence ? Est-ce là le fruit de mes soins, maraud ? est-ce là le fruit de mes soins ? le respect qui m'est dû ? le respect que tu me conserves ? » Allons donc. « Tu as l'insolence, fripon, de t'engager sans le consentement de ton père, de contracter un mariage clandestin ? Réponds-moi, coquin, réponds-moi ! Voyons un peu tes belles raisons. » Oh ! que diable ! vous demeurez interdit[8] !

Octave. – C'est que je m'imagine que c'est mon père que j'entends.

Scapin. – Eh ! oui. C'est par cette raison qu'il ne faut pas être comme un innocent[9].

Octave. – Je m'en vais prendre plus de résolution, et je répondrai fermement.

Scapin. – Assurément ?

Octave. – Assurément.

Silvestre. – Voilà votre père qui vient.

Octave, *s'enfuyant.* – Ô Ciel ! Je suis perdu.

Scapin. – Holà ! Octave, demeurez, Octave ! Le voilà enfui. Quelle pauvre espèce d'homme ! Ne laissons pas d'attendre[10] le vieillard.

Silvestre. – Que lui dirai-je ?

Scapin. – Laisse-moi dire, moi, et ne fais que me suivre.

Les jurons

Pendard signifie, au sens propre, digne d'être pendu, *vaurien*, qui ne vaut rien et *infâme*, de *in fama*, qui a mauvaise réputation.

7. **Tes bons déportements :** ta belle conduite (ironique).
8. **Interdit :** sans voix.
9. **Innocent :** imbécile.
10. **Ne laissons pas d'attendre :** attendons cependant.

Scène 4

ARGANTE, SCAPIN, SILVESTRE

ARGANTE, *se croyant seul.* – A-t-on jamais ouï[1] parler d'une action pareille à celle-là ?

SCAPIN. – Il a déjà appris l'affaire, et elle lui tient si fort en tête que tout seul il en parle haut.

ARGANTE, *se croyant seul.* – Voila une témérité[2] bien grande !

SCAPIN. – Écoutons-le un peu.

ARGANTE, *se croyant seul.* – Je voudrais savoir ce qu'ils me pourront dire sur ce beau mariage.

SCAPIN, *à part.* – Nous y avons songé.

ARGANTE, *se croyant seul.* – Tâcheront-ils[3] de me nier la chose ?

SCAPIN. – Non, nous n'y pensons pas.

ARGANTE, *se croyant seul.* – Ou s'ils entreprendront de l'excuser ?

SCAPIN. – Celui-là[4] se pourra faire.

ARGANTE, *se croyant seul.* – Prétendront-ils m'amuser par des contes en l'air[5] ?

SCAPIN. – Peut-être.

ARGANTE, *se croyant seul.* – Tous leurs discours seront inutiles.

SCAPIN. – Nous allons voir.

ARGANTE, *se croyant seul.* – Ils ne m'en donneront point à garder[6].

SCAPIN. – Ne jurons de rien.

1. **Ouï :** entendu.
2. **Témérité :** audace.
3. **Tâcheront-ils :** essaieront-ils.
4. **Celui-là :** cela.
5. **Des contes en l'air :** des histoires à dormir debout.
6. **Ils ne m'en donneront point à garder :** ils ne me tromperont pas.

ARGANTE, *se croyant seul.* – Je saurai mettre mon pendard[7] de fils en lieu de sûreté.

SCAPIN. – Nous y pourvoirons[8].

ARGANTE, *se croyant seul.* – Et pour le coquin de Silvestre, je le rouerai de coups.

SILVESTRE, *à Scapin.* – J'étais bien étonné s'il m'oubliait.

ARGANTE, *apercevant Silvestre.* – Ah! ah! vous voilà donc, sage gouverneur de famille, beau directeur de jeunes gens.

SCAPIN. – Monsieur, je suis ravi de vous voir de retour.

ARGANTE. – Bonjour, Scapin. *(À Silvestre)* Vous avez suivi mes ordres vraiment d'une belle manière, et mon fils s'est comporté fort sagement pendant mon absence.

SCAPIN. – Vous vous portez bien, à ce que je vois?

ARGANTE. – Assez bien. *(À Silvestre)* Tu ne dis mot, coquin, tu ne dis mot.

SCAPIN. – Votre voyage a-t-il été bon?

ARGANTE. – Mon Dieu! fort bon. Laisse-moi un peu quereller[9] en repos!

SCAPIN. – Vous voulez quereller?

ARGANTE. – Oui, je veux quereller.

SCAPIN. – Et qui, Monsieur?

ARGANTE, *montrant Silvestre.* – Ce maraud-là[10].

SCAPIN. – Pourquoi?

Jeu de mots

Pour Argante, le lieu de sûreté qu'il promet à son fils est la prison. Scapin, lui, fera le nécessaire pour mettre Octave à l'abri de la colère paternelle. Les deux personnages emploient l'expression dans un sens différent pour amuser le spectateur.

7. **Pendard :** vaurien.
8. **Nous y pourvoirons :** nous ferons le nécessaire.
9. **Quereller :** faire des reproches.
10. **Maraud-là :** coquin-là.

Argante. – Tu n'as pas ouï parler de ce qui s'est passé dans mon absence ?

Scapin. – J'ai bien ouï parler de quelque petite chose.

Argante. – Comment quelque petite chose ! Une action de cette nature ?

Scapin. – Vous avez quelque raison.

Argante. – Une hardiesse pareille à celle-là ?

Scapin. – Cela est vrai.

Argante. – Un fils qui se marie sans le consentement de son père ?

Scapin. – Oui, il y a quelque chose à dire à cela. Mais je serais d'avis que vous ne fissiez point de bruit.

Argante. – Je ne suis pas de cet avis, moi, et je veux faire du bruit tout mon soûl[1]. Quoi ? tu ne trouves pas que j'aie tous les sujets du monde d'être en colère ?

Scapin. – Si fait. J'y ai d'abord été, moi, lorsque j'ai su la chose, et je me suis intéressé pour vous[2], jusqu'à quereller votre fils. Demandez-lui un peu quelles belles réprimandes je lui ai faites, et comme je l'ai chapitré[3] sur le peu de respect qu'il gardait à un père dont il devait baiser les pas. On ne peut pas lui mieux parler, quand ce serait vous-même. Mais quoi ? je me suis rendu à la raison, et j'ai considéré que, dans le fond, il n'a pas tant de tort qu'on pourrait croire.

Argante. – Que me viens-tu conter ? Il n'a pas tant de tort de s'aller marier de but en blanc[4] avec une inconnue ?

1. **Tout mon soûl :** autant que je le veux.
2. **Je me suis intéressé pour vous :** j'ai pris votre parti.
3. **Je l'ai chapitré :** je lui ai fait la leçon.
4. **De but en blanc :** sans réfléchir.

Scapin. – Que voulez-vous ? il y a été poussé par sa destinée.

Argante. – Ah ! ah ! voici une raison la plus belle du monde ! On n'a plus qu'à commettre tous les crimes imaginables, tromper, voler, assassiner, et dire pour excuse qu'on y a été poussé par sa destinée.

Scapin. – Mon Dieu ! vous prenez mes paroles trop en philosophe. Je veux dire qu'il s'est trouvé fatalement engagé dans cette affaire.

Argante. – Et pourquoi s'y engageait-il ?

Scapin. – Voulez-vous qu'il soit aussi sage que vous ? Les jeunes gens sont jeunes, et n'ont pas toute la prudence qu'il leur faudrait pour ne rien faire que de raisonnable[5] : témoin notre Léandre, qui, malgré toutes mes leçons, malgré toutes mes remontrances, est allé faire de son côté pis[6] encore que votre fils. Je voudrais bien savoir si vous-même n'avez pas été jeune, et n'avez pas, dans votre temps, fait des fredaines[7] comme les autres. J'ai ouï dire, moi, que vous avez été autrefois un compagnon parmi les femmes, que vous faisiez de votre drôle[8] avec les plus galantes[9] de ce temps-là, et que vous n'en approchiez point que vous ne poussassiez à bout[10].

Argante. – Cela est vrai, j'en demeure d'accord ; mais je m'en suis toujours tenu à la galanterie[11], et je n'ai point été jusqu'à faire ce qu'il a fait.

Scapin. – Que vouliez-vous qu'il fît ? Il voit une jeune personne qui lui veut du bien (car il tient cela de vous, d'être aimé de toutes les femmes). Il la trouve charmante. Il lui rend des visites, lui conte des douceurs, soupire galamment, fait le passionné. Elle se rend à sa poursuite[12]. Il pousse sa fortune[13]. Le

5. **Pour ne rien faire que de raisonnable :** pour ne faire que des choses raisonnables.
6. **Pis :** pire.
7. **Fredaines :** folies.
8. **Faisiez de votre drôle :** meniez une vie de débauche.
9. **Galantes :** coquettes.
10. **Que vous ne poussassiez à bout :** sans en obtenir les faveurs.
11. **Galanterie :** séduction.
12. **Se rend à sa poursuite :** accepte ses avances.
13. **Il pousse sa fortune :** il continue de tenter sa chance.

voilà surpris avec elle par ses parents, qui, la force[1] à la main, le contraignent de[2] l'épouser.

SILVESTRE, *à part.* – L'habile fourbe que voilà !

SCAPIN. – Eussiez-vous voulu qu'il se fût laissé tuer ? Il vaut mieux encore être marié qu'être mort.

ARGANTE. – On ne m'a pas dit que l'affaire se soit ainsi passée.

SCAPIN, *montrant Silvestre.* – Demandez-lui plutôt : il ne vous dira pas le contraire.

ARGANTE, *à Silvestre.* – C'est par force qu'il a été marié ?

SILVESTRE. – Oui, Monsieur.

SCAPIN. – Voudrais-je vous mentir ?

ARGANTE. – Il devait donc aller tout aussitôt protester de[3] violence chez un notaire.

SCAPIN. – C'est ce qu'il n'a pas voulu faire.

ARGANTE. – Cela m'aurait donné plus de facilité à rompre ce mariage.

SCAPIN. – Rompre ce mariage !

ARGANTE. – Oui.

SCAPIN. – Vous ne le romprez point.

ARGANTE. – Je ne le romprai point ?

SCAPIN. – Non.

ARGANTE. – Quoi ? je n'aurai pas pour moi les droits de père et la raison de la violence qu'on a faite à mon fils ?

1. **La force :** l'arme.
2. **Le contraignent de :** l'obligent à.
3. **Protester de :** porter plainte pour.

Scapin. – C'est une chose dont il ne demeurera pas d'accord.

Argante. – Il n'en demeurera pas d'accord ?

Scapin. – Non.

Argante. – Mon fils ?

Scapin. – Votre fils. Voulez-vous qu'il confesse qu'il ait été capable de crainte, et que ce soit par force qu'on lui ait fait faire les choses ? Il n'a garde[4] d'aller avouer cela. Ce serait se faire tort, et se montrer indigne d'un père comme vous.

Argante. – Je me moque de cela.

Scapin. – Il faut, pour son honneur, et pour le vôtre, qu'il dise dans le monde que c'est de bon gré[5] qu'il l'a épousée.

Argante. – Et je veux, moi, pour mon honneur et pour le sien, qu'il dise le contraire.

Scapin. – Non, je suis sûr qu'il ne le fera pas.

Argante. – Je l'y forcerai bien.

Scapin. – Il ne le fera pas, vous dis-je.

Argante. – Il le fera, ou je le déshériterai.

Scapin. – Vous ?

Argante. – Moi.

Scapin. – Bon.

Argante. – Comment, bon !

Scapin. – Vous ne le déshériterez point.

4. **Il n'a garde :** il se garde bien.
5. **De bon gré :** volontairement.

ARGANTE. – Je ne le déshériterai point ?

SCAPIN. – Non.

ARGANTE. – Non ?

SCAPIN. – Non.

ARGANTE. – Hoy[1] ! Voici qui est plaisant. Je ne déshériterai pas mon fils ?

SCAPIN. – Non, vous dis-je.

ARGANTE. – Qui m'en empêchera ?

SCAPIN. – Vous-même.

ARGANTE. – Moi ?

SCAPIN. – Oui. Vous n'aurez pas ce cœur-là.

ARGANTE. – Je l'aurai.

SCAPIN. – Vous vous moquez.

ARGANTE. – Je ne me moque point.

SCAPIN. – La tendresse paternelle fera son office[2].

ARGANTE. – Elle ne fera rien.

SCAPIN. – Oui, oui.

ARGANTE. – Je vous dis que cela sera.

SCAPIN. – Bagatelles[3].

ARGANTE. – Il ne faut point dire bagatelles.

1. **Hoy :** équivalent de « Ouais ! » (Eh bien !).
2. **Office :** devoir.
3. **Bagatelles :** sottises.

Scapin. – Mon Dieu! je vous connais, vous êtes bon naturellement.

Argante. – Je ne suis point bon, et je suis méchant quand je veux. Finissons ce discours qui m'échauffe la bile[4]. *(En s'adressant à Silvestre)* Va-t'en, pendard, va-t'en me chercher mon fripon, tandis que j'irai rejoindre le seigneur Géronte, pour lui conter ma disgrâce[5].

Scapin. – Monsieur, si je vous puis être utile en quelque chose, vous n'avez qu'à me commander.

Argante. – Je vous remercie. *(À part)* Ah! pourquoi faut-il qu'il soit fils unique! et que n'ai-je à cette heure la fille que le Ciel m'a ôtée, pour la faire mon héritière!

4. **M'échauffe la bile :** me met en colère.
5. **Ma disgrâce :** mon malheur.

Scène 5

Théâtre dans le théâtre

Molière use ici du procédé du théâtre dans le théâtre ou mise en abyme, qui consiste à faire jouer à un personnage un autre rôle que le sien. Scapin joue le rôle de metteur en scène et guide par ses ordres le jeu de Silvestre.

Scapin, Silvestre

Silvestre. – J'avoue que tu es un grand homme, et voilà l'affaire en bon train mais l'argent, d'autre part, nous presse[1] pour notre subsistance, et nous avons, de tous côtés, des gens qui aboient après nous.

Scapin. – Laisse-moi faire, la machine[2] est trouvée. Je cherche seulement dans ma tête un homme qui nous soit affidé[3], pour jouer un personnage dont j'ai besoin. Attends. Tiens-toi un peu. Enfonce ton bonnet en méchant garçon. Campe-toi sur un pied. Mets la main au côté. Fais les yeux furibonds[4]. Marche un peu en roi de théâtre. Voilà qui est bien. Suis-moi. J'ai des secrets pour déguiser ton visage et ta voix.

Silvestre. – Je te conjure au moins de ne m'aller point brouiller avec la justice.

Scapin. – Va, va: nous partagerons les périls[5] en frères; et trois ans de galère[6] de plus ou de moins ne sont pas pour arrêter un noble cœur.

1. **L'argent nous presse :** nous avons un besoin urgent d'argent.
2. **Machine :** ruse.
3. **Un homme qui nous soit affidé :** un homme de confiance.
4. **Furibonds :** furieux.
5. **Périls :** dangers.
6. **Galère :** à ramer sur les navires de guerre du roi.

Avez-vous bien lu ?

- Selon Scapin, Octave s'est-il marié :

❑ contraint et forcé ? ❑ par amour ? ❑ pour l'argent ?

Au fil du texte

Scène 3

1. Que craint Hyacinte à propos de l'amour d'Octave ?
2. Scapin accepte-t-il d'aider Octave et Hyacinte ? Pour quelle raison ? Quelles instructions donne-t-il à Octave ?

Scène 4

3. D'après les didascalies et leurs paroles, à qui Scapin et Argante parlent-ils ? Comment s'appellent ce type de répliques au théâtre ?

4. **Zoom sur les lignes 80 à 103**

a. Résumez les différents arguments mis en avant par Scapin pour excuser la conduite d'Octave :
premier argument (l. 80-82) : ....
deuxième argument (l. 83-85) : ....
troisième argument (l. 85- 90) : ....
quatrième argument (l. 94-103): ....

b. Quel est le temps utilisé aux lignes 94 à 100 ? Quelle est la valeur de ce temps ici ?

5. « Il vaut mieux encore être marié qu'être mort. » (l. 102-103), comment appelle-t-on ce genre de formule ?

6 Quels arguments Scapin avance-t-il pour persuader Argante qu'il ne peut rompre ce mariage ?

7 Comment se fait l'enchaînement des répliques l. 115-125 ? Comment appelle-t-on ce genre de répliques ? (Voir Outils de lecture p. 135)

8 Qu'éprouve Argante à la fin de la scène ? Justifiez votre réponse.

Pour conclure

9 Molière utilise différents procédés comiques dans la scène 4. Précisez-les en donnant pour chacun d'eux un exemple : comique de situation (l. 1-28) – comique de caractère révélé par la réplique de Silvestre (l. 101) – comique de mots (l. 107-163).

Scène 5

10 Quel rôle Scapin confie-t-il à Silvestre ? Montrez que Scapin se comporte comme un metteur en scène.

Vocabulaire Ironie et antiphrases

Dans la scène 4, Argante emploie un registre ironique (voir Lexique p. 136) qui repose sur des antiphrases qui consistent à employer des mots qui expriment le contraire de ce que l'on pense. À vous de rétablir sa pensée véritable !

a. sage gouverneur (l. 29-30) **b.** beau directeur (l. 30) **c.** belle manière (l. 33)
d. fort sagement (l. 34)

Écriture

À votre tour, rédigez un paragraphe dans lequel votre professeur vous fera des reproches concernant un devoir bâclé, une conduite indigne ou autre bêtise, en utilisant un registre ironique et des antiphrases.

Retour sur…

I L'action

1. Où se passe l'action ? Pourquoi le retour des pères est-il embarrassant pour les fils ?

2. Pourquoi Octave a-t-il besoin d'argent ?

3. Quelle est la principale fonction de cet acte ?

4. Quelle suite imaginez-vous à la pièce ?

II Les personnages

5. En quoi Scapin et Silvestre s'opposent-ils ? Trouvez deux adjectifs pour qualifier l'un et deux antonymes pour qualifier l'autre. Quelle est la première fourberie (ou ruse) de Scapin ?

6. Quel est le caractère d'Octave ? Comment réagit-il face à son père ?

7. Quelles indications l'acte donne-t-il sur les rapports entre maîtres et valets ?

III Le comique

8. Donnez un exemple de scène qui relève de la farce.

9. Donnez un exemple de comique de situation et de caractère.

10. En quoi le récit de la rencontre entre Octave et Hyacinte est-il émouvant ? Comment Molière rend-il la scène comique malgré tout ?

IV La mise en scène

11. Imaginez une mise en scène pour les apartés de la scène 4.

12. Relevez un passage de théâtre dans le théâtre.

ACTE II

Scène 1

GÉRONTE, ARGANTE

GÉRONTE. – Oui, sans doute, par le temps qu'il fait, nous aurons ici nos gens[1] aujourd'hui ; et un matelot qui vient de Tarente m'a assuré qu'il avait vu mon homme qui était près de s'embarquer. Mais l'arrivée de ma fille trouvera les choses mal disposées[2] à ce que nous nous proposions ; et ce que vous venez de m'apprendre de votre fils rompt étrangement les mesures que nous avions prises ensemble.

ARGANTE. – Ne vous mettez pas en peine : je vous réponds[3] de renverser tout cet obstacle, et j'y vais travailler de ce pas.

GÉRONTE. – Ma foi ! seigneur Argante, voulez-vous que je vous dise ? l'éducation des enfants est une chose à quoi il faut s'attacher fortement.

ARGANTE. – Sans doute. À quel propos cela ?

GÉRONTE. – À propos de ce que les mauvais déportements[4] des jeunes gens viennent le plus souvent de la mauvaise éducation que leurs pères leur donnent.

ARGANTE. – Cela arrive parfois. Mais que voulez-vous dire par-là ?

GÉRONTE. – Ce que je veux dire par-là ?

ARGANTE. – Oui.

GÉRONTE. – Que si vous aviez, en brave père, bien morigéné[5] votre fils, il ne vous aurait pas joué le tour qu'il vous a fait.

ARGANTE. – Fort bien. De sorte donc que vous avez bien morigéné le vôtre ?

Les noms des pères

Géronte vient d'un mot grec qui signifie « vieillard » et que l'on retrouve dans *gériatrie* (médecine des personnes âgées). Molière avait déjà donné ce nom à un père ridicule, coléreux et crédule dans *Le Médecin malgré lui*. Par ses sonorités, le nom d'*Argante* évoque l'argent, préoccupation essentielle de ce bourgeois avare et obsédé par sa fortune.

1. **Nos gens :** notre famille et nos domestiques.
2. **Les choses mal disposées :** la situation mal adaptée.
3. **Je vous réponds :** je vous promets.
4. **Déportements :** comportements.
5. **Morigéné :** élevé avec sévérité.

GÉRONTE. – Sans doute, et je serais bien fâché qu'il m'eût rien fait[6] approchant de cela.

ARGANTE. – Et si ce fils que vous avez, en brave père, si bien morigéné, avait fait pis[7] encore que le mien ? eh ?

GÉRONTE. – Comment ?

ARGANTE. – Comment ?

GÉRONTE. – Qu'est-ce que cela veut dire ?

ARGANTE. – Cela veut dire, seigneur Géronte, qu'il ne faut pas être si prompt[8] à condamner la conduite des autres ; et que ceux qui veulent gloser[9] doivent bien regarder chez eux s'il n'y a rien qui cloche.

GÉRONTE. – Je n'entends point[10] cette énigme.

ARGANTE. – On vous l'expliquera.

GÉRONTE. – Est-ce que vous auriez ouï[11] dire quelque chose de mon fils ?

ARGANTE. – Cela se peut faire.

GÉRONTE. – Et quoi encore ?

ARGANTE. – Votre Scapin, dans mon dépit[12], ne m'a dit la chose qu'en gros ; et vous pourrez de lui, ou de quelque autre, être instruit du détail. Pour moi, je vais vite consulter un avocat, et aviser des biais[13] que j'ai à prendre. Jusqu'au revoir.

6. **Qu'il ne m'eût rien fait :** qu'il ait fait quelque chose.
7. **Pis :** pire.
8. **Prompt :** rapide.
9. **Gloser :** critiquer.
10. **Je n'entends point :** je ne comprends pas.
11. **Ouï :** entendu.
12. **Mon dépit :** ma colère.
13. **Biais :** moyens détournés.

Scène 2

LÉANDRE, GÉRONTE

GÉRONTE, *seul.* – Que pourrait-ce être que cette affaire-ci ? Pis encore que le sien ? Pour moi, je ne vois pas ce que l'on peut faire de pis ; et je trouve que se marier sans le consentement de son père est une action qui passe tout ce qu'on peut s'imaginer. Ah ! vous voilà.

LÉANDRE, *en courant à lui pour l'embrasser.* – Ah ! mon père, que j'ai de joie de vous voir de retour !

GÉRONTE, *refusant de l'embrasser.* – Doucement. Parlons un peu d'affaire.

LÉANDRE. – Souffrez[1] que je vous embrasse, et que…

GÉRONTE, *le repoussant encore.* – Doucement, vous dis-je.

LÉANDRE. – Quoi ? Vous me refusez, mon père, de vous exprimer mon transport[2] par mes embrassements ?

GÉRONTE. – Oui ! Nous avons quelque chose à démêler[3] ensemble.

LÉANDRE. – Et quoi ?

GÉRONTE. – Tenez-vous, que je vous voie en face.

LÉANDRE. – Comment ?

GÉRONTE. – Regardez-moi entre deux yeux.

LÉANDRE. – Hé bien ?

GÉRONTE. – Qu'est-ce donc qu'il s'est passé ici ?

1. **Souffrez :** permettez.
2. **Mon transport :** ma joie.
3. **Démêler :** clarifier.

LÉANDRE. – Ce qui s'est passé ?

GÉRONTE. – Oui. Qu'avez-vous fait dans mon absence ?

LÉANDRE. – Que voulez-vous, mon père, que j'aie fait ?

GÉRONTE. – Ce n'est pas moi qui veux que vous ayez fait, mais qui demande ce que c'est que vous avez fait.

LÉANDRE. – Moi, je n'ai fait aucune chose dont vous ayez lieu de vous plaindre.

GÉRONTE. – Aucune chose ?

LÉANDRE. – Non.

GÉRONTE. – Vous êtes bien résolu[4].

LÉANDRE. – C'est que je suis sûr de mon innocence.

GÉRONTE. – Scapin pourtant a dit de vos nouvelles.

LÉANDRE. – Scapin !

GÉRONTE. – Ah ! ah ! ce mot vous fait rougir.

LÉANDRE. – Il vous a dit quelque chose de moi ?

GÉRONTE. – Ce lieu n'est pas tout à fait propre à vider cette affaire, et nous allons l'examiner ailleurs. Qu'on se rende au logis. J'y vais revenir tout à l'heure. Ah ! traître, s'il faut que tu me déshonores, je te renonce pour mon fils[5], et tu peux bien pour jamais te résoudre à fuir de ma présence.

4. **Résolu :** sûr de vous.
5. **Je te renonce pour mon fils :** je ne te reconnais plus comme un fils (donc je te déshérite).

Scène 3

Octave, Scapin, Léandre

Léandre, *seul.* – Me trahir de cette manière ! Un coquin qui doit, par cent raisons, être le premier à cacher les choses que je lui confie, est le premier à les aller découvrir à mon père. Ah ! je jure le Ciel que cette trahison ne demeurera pas impunie.

Octave. – Mon cher Scapin, que ne dois-je point à tes soins[1] ! Que tu es un homme admirable ! et que le Ciel m'est favorable de t'envoyer à mon secours !

Léandre. – Ah ! ah ! vous voilà. Je suis ravi de vous trouver, Monsieur le coquin.

Scapin. – Monsieur, votre serviteur. C'est trop d'honneur que vous me faites.

Léandre, *en mettant l'épée à la main.* – Vous faites le méchant plaisant[2]. Ah ! je vous apprendrai…

Scapin, *se mettant à genoux.* – Monsieur.

Octave, *se mettant entre deux pour empêcher Léandre de le frapper.* – Ah ! Léandre.

Léandre. – Non, Octave, ne me retenez point, je vous prie.

Scapin, *à Léandre.* – Eh ! Monsieur.

Octave, *le retenant.* – De grâce !

Léandre, *voulant frapper Scapin.* – Laissez-moi contenter[3] mon ressentiment.

Octave. – Au nom de l'amitié, Léandre, ne le maltraitez point.

1. **Soins :** services.
2. **Méchant plaisant :** plaisantin (qui fait de mauvaises plaisanteries).
3. **Contenter :** exprimer.

SCAPIN. – Monsieur, que vous ai-je fait ?

LÉANDRE, *voulant le frapper.* – Ce que tu m'as fait, traître !

OCTAVE, *le retenant.* – Eh ! doucement.

LÉANDRE. – Non, Octave, je veux qu'il me confesse lui-même tout à l'heure[4] la perfidie[5] qu'il m'a faite. Oui, coquin, je sais le trait[6] que tu m'as joué, on vient de me l'apprendre ; et tu ne croyais pas peut-être que l'on me dût révéler ce secret ; mais je veux en avoir la confession de ta propre bouche, ou je vais te passer cette épée au travers du corps.

SCAPIN. – Ah ! Monsieur, auriez-vous bien ce cœur-là ?

LÉANDRE. – Parle donc.

SCAPIN. – Je vous ai fait quelque chose, Monsieur ?

LÉANDRE. – Oui, coquin, et ta conscience ne te dit que trop ce que c'est.

SCAPIN. – Je vous assure que je l'ignore.

LÉANDRE, *s'avançant pour le frapper.* – Tu l'ignores !

OCTAVE, *le retenant.* – Léandre !

SCAPIN. – Hé bien ! Monsieur, puisque vous le voulez, je vous confesse que j'ai bu avec mes amis ce petit quartaut[7] de vin d'Espagne dont on vous fit présent il y a quelques jours ; et que c'est moi qui fis une fente au tonneau, et répandis de l'eau autour, pour faire croire que le vin s'était échappé.

LÉANDRE. – C'est toi, pendard[8], qui m'as bu mon vin d'Espagne, et qui as été cause que j'ai tant querellé la servante, croyant que c'était elle qui m'avait fait le tour ?

SCAPIN. – Oui, Monsieur : je vous en demande pardon.

4. **Tout à l'heure :** tout de suite.
5. **Perfidie :** trahison.
6. **Trait :** tour.
7. **Quartaut :** tonneau.
8. **Pendard :** coquin.

Léandre. – Je suis bien aise d'apprendre cela ; mais ce n'est pas l'affaire dont il est question maintenant.

Scapin. – Ce n'est pas cela, Monsieur ?

Léandre. – Non : c'est une autre affaire qui me touche bien plus, et je veux que tu me la dises.

Scapin. – Monsieur, je ne me souviens pas d'avoir fait autre chose.

Léandre, *le voulant le frapper.* – Tu ne veux pas parler ?

Scapin. – Eh !

Octave, *le retenant.* – Tout doux.

Scapin. – Oui, Monsieur, il est vrai qu'il y a trois semaines que vous m'envoyâtes porter, le soir, une petite montre à la jeune Égyptienne que vous aimez. Je revins au logis mes habits tout couverts de boue, et le visage plein de sang, et vous dis que j'avais trouvé des voleurs qui m'avaient bien battu, et m'avaient dérobé la montre. C'était moi, Monsieur, qui l'avais retenue[1].

Léandre. – C'est toi qui as retenu ma montre ?

Scapin. – Oui, Monsieur, afin de voir quelle heure il est.

Léandre. – Ah ! ah ! j'apprends ici de jolies choses, et j'ai un serviteur fort fidèle vraiment. Mais ce n'est pas encore cela que je demande.

Scapin. – Ce n'est pas cela ?

Léandre. – Non, infâme : c'est autre chose encore que je veux que tu me confesses.

Scapin, *à part.* – Peste !

Léandre. – Parle vite, j'ai hâte.

1. **Retenue :** gardée.

SCAPIN. – Monsieur, voilà tout ce que j'ai fait.

LÉANDRE, *voulant frapper Scapin.* – Voilà tout?

OCTAVE, *se mettant au-devant.* – Eh!

SCAPIN. – Hé bien! oui, Monsieur: vous vous souvenez de ce loup-garou[2], il y a six mois, qui vous donna tant de coups de bâton la nuit, et vous pensa faire rompre le cou[3] dans une cave où vous tombâtes en fuyant.

LÉANDRE. – Hé bien!

SCAPIN. – C'était moi, Monsieur, qui faisais le loup-garou.

LÉANDRE. – C'était toi, traître, qui faisais le loup-garou?

SCAPIN. – Oui, Monsieur, seulement pour vous faire peur, et vous ôter l'envie de nous faire courir, toutes les nuits, comme vous aviez de coutume.

LÉANDRE. – Je saurai me souvenir, en temps et lieu, de tout ce que je viens d'apprendre. Mais je veux venir au fait, et que tu me confesses ce que tu as dit à mon père.

SCAPIN. – À votre père?

LÉANDRE. – Oui, fripon, à mon père.

SCAPIN. – Je ne l'ai pas seulement vu depuis son retour.

LÉANDRE. – Tu ne l'as pas vu?

SCAPIN. – Non, Monsieur.

LÉANDRE. – Assurément?

SCAPIN. – Assurément. C'est une chose que je vais vous faire dire par lui-même.

LÉANDRE. – C'est de sa bouche que je le tiens pourtant.

SCAPIN. – Avec votre permission, il n'a pas dit la vérité.

2. **Loup-garou :** personnage fantastique qui se transforme en loup les nuits de pleine lune.

3. **Vous pensa faire rompre le cou :** faillit vous faire rompre le cou.

Scène 4

CARLE, SCAPIN, LÉANDRE, OCTAVE

CARLE. – Monsieur, je vous apporte une nouvelle qui est fâcheuse pour votre amour.

LÉANDRE. – Comment ?

CARLE. – Vos Égyptiens sont sur le point de vous enlever Zerbinette, et elle-même, les larmes aux yeux, m'a chargé de venir promptement vous dire que si, dans deux heures, vous ne songez à leur porter l'argent qu'ils vous ont demandé pour elle, vous l'allez perdre pour jamais[1].

LÉANDRE. – Dans deux heures ?

CARLE. – Dans deux heures.

LÉANDRE. – Ah ! mon pauvre Scapin, j'implore ton secours.

SCAPIN, *passant devant lui avec un air fier.* – « Ah ! mon pauvre Scapin. » Je suis « mon pauvre Scapin » à cette heure qu'on a besoin de moi.

LÉANDRE. – Va, je te pardonne tout ce que tu viens de me dire, et pis encore, si tu me l'as fait.

SCAPIN. – Non, non, ne me pardonnez rien. Passez-moi votre épée au travers du corps. Je serai ravi que vous me tuiez.

LÉANDRE. – Non. Je te conjure plutôt de me donner la vie, en servant mon amour.

SCAPIN. – Point, point : vous ferez mieux de me tuer.

LÉANDRE. – Tu m'es trop précieux ; et je te prie de vouloir employer pour moi ce génie admirable, qui vient à bout de toute chose.

1. **Pour jamais :** à tout jamais (pour toujours).

SCAPIN. – Non : tuez-moi, vous dis-je.

LÉANDRE. – Ah ! de grâce, ne songe plus à tout cela, et pense à me donner le secours que je te demande !

OCTAVE. – Scapin, il faut faire quelque chose pour lui.

SCAPIN. – Le moyen, après une avanie[2] de la sorte ?

LÉANDRE. – Je te conjure d'oublier mon emportement et de me prêter ton adresse[3].

OCTAVE. – Je joins mes prières aux siennes.

SCAPIN. – J'ai cette insulte-là sur le cœur.

OCTAVE. – Il faut quitter ton ressentiment[4].

LÉANDRE. – Voudrais-tu m'abandonner, Scapin, dans la cruelle extrémité[5] où se voit mon amour ?

SCAPIN. – Me venir faire, à l'improviste, un affront comme celui-là !

LÉANDRE. – J'ai tort, je le confesse.

SCAPIN. – Me traiter de coquin, de fripon, de pendard, d'infâme !

LÉANDRE. – J'en ai tous les regrets du monde.

SCAPIN. – Me vouloir passer son épée au travers du corps !

LÉANDRE. – Je t'en demande pardon de tout mon cœur ; et s'il ne tient qu'à me jeter à tes genoux, tu m'y vois, Scapin, pour te conjurer encore une fois de ne me point abandonner.

OCTAVE. – Ah ! ma foi ! Scapin, il se faut rendre à cela.

2. **Avanie :** humiliation.
3. **Me prêter ton adresse :** mettre ton adresse à mon service.
4. **Ton ressentiment :** ta rancune.
5. **Cruelle extrémité :** situation désespérée.

Scène 4

SCAPIN. – Levez-vous. Une autre fois, ne soyez point si prompt.

LÉANDRE. – Me promets-tu de travailler pour moi ?

SCAPIN. – On y songera.

LÉANDRE. – Mais tu sais que le temps presse.

SCAPIN. – Ne vous mettez pas en peine. Combien est-ce qu'il vous faut ?

LÉANDRE. – Cinq cents écus.

SCAPIN. – Et à vous ?

OCTAVE. – Deux cents pistoles.

SCAPIN. – Je veux tirer cet argent de vos pères. *(À Octave)* Pour ce qui est du vôtre, la machine[1] est déjà toute trouvée; *(À Léandre)* et quant au vôtre, bien qu'avare au dernier degré, il y faudra moins de façons encore, car vous savez que, pour l'esprit, il n'en a pas, grâces à Dieu ! grande provision et je le livre pour[2] une espèce d'homme à qui l'on fera toujours croire tout ce que l'on voudra. Cela ne vous offense point: il ne tombe entre lui et vous aucun soupçon de ressemblance; et vous savez l'opinion de tout le monde, qui veut qu'il ne soit votre père que pour la forme.

LÉANDRE. – Tout beau[3], Scapin.

SCAPIN. – Bon, bon, on fait bien scrupule de cela[4]: vous moquez-vous ? Mais j'aperçois venir le père d'Octave. Commençons par lui, puisqu'il se présente. Allez-vous-en tous deux. *(À Octave)* Et vous, avertissez votre Silvestre de venir vite jouer son rôle.

Écus et pistoles

Un écu vaut un peu moins de 10 €. La rançon pour Zerbinette s'élève donc à 4 500 € environ. Octave, lui, a besoin de 200 pistoles, 6 000 € environ. Scapin doit donc extorquer 10 500 € aux deux pères, une somme importante, au XVIIe comme au XXIe siècle !

1. **La machine :** la ruse.
2. **Je le livre pour :** je le considère comme.
3. **Tout beau :** attention à ce que tu dis.
4. **On fait bien scrupule de cela :** on hésite beaucoup à l'avouer.

Les Fourberies de Scapin, mise en scène de Denis Podalydès, Comédie-Française, 2017, avec Louakairim (Carle), Benjamin Lavernhe (Scapin), Julien Frison (Octave) et Gaël Kamilindi (Léandre).

Pause lecture 4 ACTE II ◆ scènes 1, 2, 3 et 4

Avez-vous bien lu ?

- Combien de fourberies Scapin avoue-t-il dans la scène 3 ?

❑ une ❑ trois ❑ cinq

Au fil du texte

Scènes 1 et 2

1. Que reproche Géronte à Argante au sujet de son fils Octave ? Que lui réplique Argante ? De qui tient-il cette information ?
2. Face à Géronte, comment se comporte Léandre ?
3. Pourquoi Léandre en veut-il à Scapin ? En quoi cela entraîne-t-il un quiproquo à la scène suivante ?

Scène 3

4. Résumez les fourberies commises et avouées par Scapin en indiquant : la nature de chacune, la date, sa justification et ses conséquences.
5. Que révèlent ces fourberies sur le caractère de Scapin ? Trouvez trois adjectifs pour qualifier son comportement.
6. **Zoom sur les lignes 61-67**
   a. Relevez les différents compléments circonstanciels des deux premières phrases.
   b. Pourquoi sont-ils aussi nombreux ?
7. La scène repose sur un comique de répétition, lequel ? Observez la fin des différents aveux de Scapin et la réponse de Léandre.

8 Que révèle Scapin à la fin de la scène ? Montrez que le quiproquo est en partie levé. (Voir Outils de lecture p. 135)

Pour conclure

9 Comment Léandre obtient-il des aveux ? Que nous dit cette scène sur les rapports maître/valet ?

Scène 4

10 Quelle information apporte Carle ? Montrez qu'elle entraîne un changement complet dans les relations entre Léandre et Scapin.

Vocabulaire Le lexique de la trahison

Trouvez les noms qui correspondent aux mots suivants dans la scène 3 :

a. perfidie (l. 29) **b.** infâme (l. 74) **c.** traître (l. 87) **d.** fripon (l. 95)

Mise en scène

a. Relevez les différentes didascalies de la scène 4.
b. Jouez la scène en imaginant les gestes et le ton de voix employés par Léandre et Scapin.
c. Réfléchissez à la manière dont Octave s'interpose entre les deux personnages.

Recherche

« *vous vous souvenez de ce loup-garou* » (scène 3, l. 81-82)
Faites une recherche sur le loup-garou : comment se manifeste ce phénomène ? À quel moment ? Comment l'explique-t-on ? Trouvez des histoires de loup-garou dans la mythologie, les romans ou le cinéma. De quel autre monstre peut-on rapprocher le loup-garou ?

Scène 5

ARGANTE, SCAPIN

SCAPIN, *à part*. – Le voilà qui rumine.

ARGANTE, *se croyant seul*. – Avoir si peu de conduite et de considération[1] ! s'aller jeter dans un engagement comme celui-là ! Ah ! ah ! jeunesse impertinente[2] !

SCAPIN. – Monsieur, votre serviteur.

ARGANTE. – Bonjour, Scapin.

SCAPIN. – Vous rêvez à l'affaire de votre fils ?

ARGANTE. – Je t'avoue que cela me donne un furieux chagrin.

SCAPIN. – Monsieur, la vie est mêlée de traverses[3]. Il est bon de s'y tenir sans cesse préparé ; et j'ai ouï dire, il y a longtemps, une parole d'un ancien que j'ai toujours retenue.

ARGANTE. – Quoi ?

SCAPIN. – Que, pour peu qu'un père de famille ait été absent de chez lui, il doit promener son esprit sur tous les fâcheux accidents que son retour peut rencontrer : se figurer sa maison brûlée, son argent dérobé, sa femme morte, son fils estropié[4], sa fille subornée[5], et ce qu'il trouve qu'il ne lui est point arrivé, l'imputer à bonne fortune[6]. Pour moi, j'ai pratiqué toujours cette leçon dans ma petite philosophie ; et je ne suis jamais revenu au logis que je ne me sois tenu prêt à la colère de mes maîtres, aux réprimandes, aux injures, aux coups de pied au cul, aux bastonnades[7], aux étrivières[8] ; et ce qui a manqué à m'arriver, j'en ai rendu grâces à[9] mon bon destin.

1. **Considération :** réflexion.
2. **Impertinente :** qui ne réfléchit pas.
3. **Mêlée de traverses :** pleine d'obstacles.
4. **Estropié :** infirme.
5. **Subornée :** séduite.
6. **L'imputer à bonne fortune :** le mettre sur le compte de la chance.
7. **Bastonnades :** coups de bâton.
8. **Étrivières :** lanières de cuir dont on se servait comme fouet.
9. **J'en ai rendu grâces à :** j'ai remercié.

Argante. – Voilà qui est bien. Mais ce mariage impertinent qui trouble celui que nous voulons faire est une chose que je ne puis souffrir[10], et je viens de consulter des avocats pour le faire casser.

Scapin. – Ma foi ! Monsieur, si vous m'en croyez, vous tâcherez, par quelque autre voie, d'accommoder[11] l'affaire. Vous savez ce que c'est que les procès en ce pays-ci, et vous allez vous enfoncer dans d'étranges épines[12].

Argante. – Tu as raison, je le vois bien. Mais quelle autre voie ?

Scapin. – Je pense que j'en ai trouvé une. La compassion que m'a donnée tantôt votre chagrin m'a obligé à chercher dans ma tête quelque moyen pour vous tirer d'inquiétude ; car je ne saurais voir d'honnêtes pères chagrinés par leurs enfants que[13] cela ne m'émeuve ; et, de tout temps, je me suis senti pour votre personne une inclination[14] particulière.

Argante. – Je te suis obligé[15].

Scapin. – J'ai donc été trouver le frère de cette fille qui a été épousée. C'est un de ces braves de profession[16], de ces gens qui sont tous coups d'épée, qui ne parlent que d'échiner[17], et ne font non plus de conscience de tuer un homme que d'avaler un verre de vin. Je l'ai mis sur[18] ce mariage, lui ai fait voir quelle facilité offrait la raison de la violence pour le faire casser[19], vos prérogatives[20] du nom de père, et l'appui que vous donneraient auprès de la justice et votre droit, et votre argent, et vos amis. Enfin je l'ai tant tourné de tous les côtés qu'il a prêté l'oreille aux propositions que je lui ai

10. **Souffrir :** supporter.
11. **Accommoder :** arranger.
12. **Épines :** difficultés.
13. **Que :** sans que.
14. **Inclination :** affection.
15. **Obligé :** reconnaissant.
16. **Braves de profession :** tueurs à gages.
17. **D'échiner :** de briser l'échine, tuer.
18. **Je l'ai mis sur :** je lui ai parlé de.
19. **Quelle facilité offrait la raison de la violence pour le faire casser :** qu'il était facile de casser ce mariage obtenu par la violence.
20. **Vos prérogatives :** vos droits.

faites d'ajuster[1] l'affaire pour quelque somme ; et il donnera son consentement à rompre le mariage, pourvu que vous lui donniez de l'argent.

ARGANTE. – Et qu'a-t-il demandé ?

SCAPIN. – Oh ! d'abord, des choses par-dessus les maisons[2].

ARGANTE. – Et quoi ?

SCAPIN. – Des choses extravagantes.

ARGANTE. – Mais encore ?

SCAPIN. – Il ne parlait pas moins que de cinq ou six cents pistoles.

ARGANTE. – Cinq ou six cents fièvres quartaines[3] qui le puissent serrer[4] ! Se moque-t-il des gens ?

SCAPIN. – C'est ce que je lui ai dit. J'ai rejeté bien loin de pareilles propositions, et je lui ai bien fait entendre que vous n'étiez point une dupe[5], pour vous demander des cinq ou six cents pistoles. Enfin, après plusieurs discours, voici où s'est réduit le résultat de notre conférence. « Nous voilà au temps, m'a-t-il dit, que je dois partir pour l'armée. Je suis après à[6] m'équiper, et le besoin que j'ai de quelque argent me fait consentir, malgré moi, à ce qu'on me propose. Il me faut un cheval de service[7], et je n'en saurais avoir un qui soit tant soit peu raisonnable[8] à moins de soixante pistoles. »

ARGANTE. – Hé bien ! pour soixante pistoles, je les donne.

SCAPIN. – « Il faudra le harnais et les pistolets ; et cela ira bien à vingt pistoles encore. »

1. **Ajuster :** arranger.
2. **Par-dessus les maisons :** extravagantes, déraisonnables.
3. **Fièvres quartaines :** fièvres qui reviennent tous les quatre jours.
4. **Serrer :** étouffer.
5. **Dupe :** personne facile à tromper.
6. **Je suis après à :** je suis pressé de.
7. **De service :** pour la guerre.
8. **Raisonnable :** convenable.

Argante. – Vingt pistoles, et soixante, ce serait quatre-vingts.

Scapin. – Justement.

Argante. – C'est beaucoup ; mais soit, je consens à cela.

Scapin. – « Il me faut aussi un cheval pour monter mon valet, qui coûtera bien trente pistoles. »

Argante. – Comment, diantre ! Qu'il se promène[9] ! il n'aura rien du tout !

Scapin. – Monsieur.

Argante. – Non, c'est un impertinent.

Scapin. – Voulez-vous que son valet aille à pied ?

Argante. – Qu'il aille comme il lui plaira, et le maître aussi.

Scapin. – Mon Dieu ! Monsieur, ne vous arrêtez point à peu de chose ! N'allez point plaider[10], je vous prie, et donnez tout pour vous sauver des mains de la justice.

Argante. – Hé bien ! soit, je me résous à donner encore ces trente pistoles.

Scapin. – « Il me faut encore, a-t-il dit, un mulet pour porter… »

Argante. – Oh ! qu'il aille au diable avec son mulet ! C'en est trop, et nous irons devant les juges.

Scapin. – De grâce, Monsieur…

Argante. – Non, je n'en ferai rien.

Scapin. – Monsieur, un petit mulet.

Argante. – Je ne lui donnerais pas seulement un âne.

9. **Qu'il se promène :** qu'il aille au diable.
10. **Plaider :** faire un procès.

SCAPIN. – Considérez…

ARGANTE. – Non ! j'aime mieux plaider.

SCAPIN. – Eh ! Monsieur, de quoi parlez-vous là, et à quoi vous résolvez-vous ? Jetez les yeux sur les détours[1] de la justice ; voyez combien d'appels et de degrés de juridiction, combien de procédures embarrassantes, combien d'animaux ravissants[2] par les griffes desquels il vous faudra passer, sergents, procureurs, avocats, greffiers, substituts, rapporteurs, juges et leurs clercs. Il n'y a pas un de tous ces gens-là qui, pour la moindre chose, ne soit capable de donner un soufflet au meilleur droit du monde[3]. Un sergent baillera[4] de faux exploits, sur quoi vous serez condamné sans que vous le sachiez. Votre procureur s'entendra avec votre partie, et vous vendra à beaux deniers comptants[5]. Votre avocat, gagné de même, ne se trouvera point lorsqu'on plaidera votre cause, ou dira des raisons qui ne feront que battre la campagne, et n'iront point au fait. Le greffier délivrera par contumace[6] des sentences et arrêts contre vous. Le clerc du rapporteur soustraira des pièces, ou le rapporteur même ne dira pas ce qu'il a vu. Et quand, par les plus grandes précautions du monde, vous aurez paré[7] tout cela, vous serez ébahi que vos juges auront été sollicités[8] contre vous, ou par des gens dévots[9], ou par des femmes qu'ils aimeront. Eh ! Monsieur, si vous le pouvez, sauvez-vous de cet enfer-là. C'est être damné dès ce monde que d'avoir à plaider ; et la seule pensée d'un procès serait capable de me faire fuir jusqu'aux Indes.

ARGANTE. – À combien est-ce qu'il fait monter le mulet ?

Les gens de justice

Scapin énumère les personnes qui interviennent lors d'un procès : les **sergents** ou **huissiers**, qui convoquent les personnes ;
les **procureurs**, qui représentent les deux parties ; les **avocats**, qui défendent leurs clients ; les **greffiers**, qui rédigent les décisions ; les **substituts** ; les **rapporteurs**, qui exposent l'affaire ; les **juges** et les **clercs**, qui les aident.

1. **Détours :** complications.
2. **Ravissants :** voleurs.
3. **Donner un soufflet… monde :** commettre des injustices.
4. **Baillera :** racontera.
5. **Deniers comptants :** pour de l'argent.
6. **Par contumace :** en votre absence.
7. **Paré :** surmonté.
8. **Sollicités :** poussés à agir.
9. **Dévots :** religieux.

Scapin. – Monsieur, pour le mulet, pour son cheval, et celui de son homme, pour le harnais et les pistolets, et pour payer quelque petite chose qu'il doit à son hôtesse, il demande en tout deux cents pistoles.

Argante. – Deux cents pistoles ?

Scapin. – Oui.

Argante, *se promenant en colère le long du théâtre.* – Allons, allons, nous plaiderons.

Scapin. – Faites réflexion…

Argante. – Je plaiderai…

Scapin. – Ne vous allez point jeter…

Argante. – Je veux plaider.

Scapin. – Mais, pour plaider, il vous faudra de l'argent : il vous en faudra pour l'exploit[10] ; il vous en faudra pour le contrôle ; il vous en faudra pour la procuration, pour la présentation, conseils, productions, et journées du procureur ; il vous en faudra pour les consultations et plaidoiries des avocats, pour le droit de retirer le sac, et pour les grosses d'écritures[11] ; il vous en faudra pour le rapport des subs-tituts ; pour les épices de conclusion ; pour l'enregistrement du greffier, façon d'appointement, sentences et arrêts, contrôles, signatures, et expéditions de leurs clercs, sans parler de tous les présents qu'il vous faudra faire. Donnez cet argent-là à cet homme-ci, vous voilà hors d'affaire.

Argante. – Comment, deux cents pistoles !

Les risques du procès

Scapin effraie Argante avec les conséquences possibles d'un procès : l'huissier donnera de fausses convocations ; le procureur sera acheté par la partie adverse ; l'avocat d'Argante sera absent ou racontera n'importe quoi ; le greffier agira en l'absence d'Argante ; le clerc enlèvera des documents au dossier ; le rapporteur mentira ; les juges seront influencés contre lui.

10. **L'exploit :** décision rédigée par l'huissier.
11. **Les grosses d'écritures :** les copies des documents.

Le déroulement d'un procès

Argante devra payer **avant le procès** (exploit ou convocation, procuration, présentation, conseils, productions et travail du procureur); **pendant le procès** pour les plaidoiries de son avocat; **après le procès** pour retirer les actes et les faire copier («les grosses d'écritures»), pour remercier les juges («les épices») et faire enregistrer la décision.

SCAPIN. – Oui: vous y gagnerez. J'ai fait un petit calcul en moi-même de tous les frais de la justice; et j'ai trouvé qu'en donnant deux cents pistoles à votre homme, vous en aurez de reste pour le moins cinquante, sans compter les soins, les pas, et les chagrins que vous vous épargnerez. Quand il n'y aurait à essuyer que les sottises que disent devant tout le monde de méchants plaisants d'avocats, j'aimerais mieux donner trois cents pistoles que de plaider.

ARGANTE. – Je me moque de cela, et je défie les avocats de rien dire de moi.

SCAPIN. – Vous ferez ce qu'il vous plaira; mais si j'étais que de vous[1], je fuirais les procès.

ARGANTE. – Je ne donnerai point deux cents pistoles.

SCAPIN. – Voici l'homme dont il s'agit.

1. **Si j'étais que de vous :** si j'étais vous.

Scène 6

Silvestre, Argante, Scapin

Silvestre, *déguisé en spadassin*[2]. – Scapin, fais-moi connaître un peu cet Argante, qui est père d'Octave.

Scapin. – Pourquoi, Monsieur ?

Silvestre. – Je viens d'apprendre qu'il veut me mettre en procès, et faire rompre par justice le mariage de ma sœur.

Scapin. – Je ne sais pas s'il a cette pensée ; mais il ne veut point consentir aux deux cents pistoles que vous voulez, et il dit que c'est trop.

Silvestre. – Par la mort ! par la tête ! par le ventre ! si je le trouve, je le veux échiner[3], dussé-je être roué tout vif[4].

Argante, pour n'être point vu, se tient, en tremblant, couvert de[5] *Scapin.*

Scapin. – Monsieur, ce père d'Octave a du cœur, et peut-être ne vous craindra-t-il point.

Silvestre. – Lui ? lui ? Par le sang ! par la tête ! s'il était là, je lui donnerais tout à l'heure de l'épée dans le ventre. *(Apercevant Argante)* Qui est cet homme-là ?

Scapin. – Ce n'est pas lui, Monsieur, ce n'est pas lui.

Silvestre. – N'est-ce point quelqu'un de ses amis ?

Scapin. – Non, Monsieur, au contraire, c'est son ennemi capital[6].

Silvestre. – Son ennemi capital ?

Scapin. – Oui.

2. **Spadassin :** tueur à gages.
3. **Je le veux échiner :** lui casser l'échine, le tuer.
4. **Roué tout vif :** écartelé vivant.
5. **Couvert de :** caché par.
6. **Capital :** mortel.

Scène 6

Les jurons

Par la mort !, par la tête !, par le ventre !, par le sang ! sont des formes abrégées des jurons traditionnels des soldats : « par la mort de Dieu » (*mordieu*, *morbleu*), « par la tête de Dieu » (*têtebleu*), « par le ventre de Dieu » (*ventrebleu*) et « par le sang de Dieu » (*parbleu* ou *palsambleu*).

SILVESTRE. – Ah, parbleu ! j'en suis ravi. *(À Argante)* Vous êtes ennemi, Monsieur, de ce faquin[1] d'Argante, eh ?

SCAPIN. – Oui, oui, je vous en réponds.

SILVESTRE, *lui prend rudement la main.* – Touchez là, touchez. Je vous donne ma parole, et vous jure sur mon honneur, par l'épée que je porte, par tous les serments que je saurais faire, qu'avant la fin du jour je vous déferai de ce maraud fieffé[2], de ce faquin d'Argante. Reposez-vous sur moi.

SCAPIN. – Monsieur, les violences en ce pays-ci ne sont guère souffertes[3].

SILVESTRE. – Je me moque de tout, et je n'ai rien à perdre.

SCAPIN. – Il se tiendra sur ses gardes assurément ; et il a des parents, des amis, et des domestiques, dont il se fera un secours contre votre ressentiment[4].

SILVESTRE. – C'est ce que je demande, morbleu ! c'est ce que je demande. *(Il met l'épée à la main et pousse[5] de tous les côtés, comme s'il y avait plusieurs personnes devant lui.)* Ah, tête ! ah, ventre ! Que ne le trouvé-je à cette heure avec tout son secours[6] ! Que ne paraît-il à mes yeux au milieu de trente personnes ! Que ne les vois-je fondre sur moi les armes à la main ! Comment, marauds, vous avez la hardiesse de vous attaquer à moi ? Allons, morbleu ! tue, point de quartier[7]. *(Poussant de tous les côtés, comme s'il avait plusieurs personnes à combattre.)* Donnons. Ferme. Poussons. Bon pied, bon œil. Ah ! coquins, ah ! canaille, vous en voulez par-là ; je vous en ferai tâter votre soûl[8]. Soutenez[9], marauds, soutenez. Allons. À cette botte[10]. À cette autre. À celle-ci. À celle-là. *(Se tournant du côté d'Argante*

1. **Faquin :** vaurien.
2. **Je vous déferai de ce maraud fieffé :** je vous débarrasserai de ce parfait coquin.
3. **Souffertes :** permises.
4. **Ressentiment :** colère.
5. **Pousse :** donne des coups d'épée.
6. **Tout son secours :** ses amis qui l'aident.
7. **Point de quartier :** pas de pitié.
8. **Je vous en ferai tâter votre soûl :** je vous en donnerai jusqu'à ce que vous n'en puissiez plus.
9. **Soutenez :** résistez.
10. **À cette botte :** ce coup d'épée.

et de Scapin.) Comment, vous reculez? Pied ferme, morbleu! pied ferme.

SCAPIN. – Eh, eh, eh! Monsieur, nous n'en sommes pas[11].

SILVESTRE. – Voilà qui vous apprendra à vous oser jouer de moi[12].

SCAPIN. – Hé bien, vous voyez combien de personnes tuées pour deux cents pistoles. Oh sus! je vous souhaite une bonne fortune[13].

ARGANTE, *tout tremblant.* – Scapin.

SCAPIN. – Plaît-il?

ARGANTE. – Je me résous à donner les deux cents pistoles.

SCAPIN. – J'en suis ravi, pour l'amour de vous.

ARGANTE. – Allons le trouver, je les ai sur moi.

SCAPIN. – Vous n'avez qu'à me les donner. Il ne faut pas pour votre honneur que vous paraissiez là, après avoir passé ici pour autre que ce que vous êtes; et de plus, je craindrais qu'en vous faisant connaître il n'allât s'aviser de vous demander davantage.

ARGANTE. – Oui; mais j'aurais été bien aise de voir comme je donne mon argent.

SCAPIN. – Est-ce que vous vous défiez de moi?[14]

ARGANTE. – Non pas; mais…

SCAPIN. – Parbleu, Monsieur, je suis un fourbe, ou je suis un honnête homme: c'est l'un des deux. Est-ce que je voudrais

11. **Nous n'en sommes pas :** nous ne sommes pas vos ennemis.
12. **À vous oser jouer de moi :** à oser vous attaquer à moi.
13. **Fortune :** chance.
14. **Vous vous défiez de moi :** vous n'avez pas confiance en moi.

vous tromper, et que dans tout ceci j'ai d'autre intérêt que le vôtre, et celui de mon maître, à qui vous voulez vous allier? Si je vous suis suspect, je ne me mêle plus de rien, et vous n'avez qu'à chercher, dès cette heure, qui accommodera[1] vos affaires.

ARGANTE. – Tiens donc.

SCAPIN. – Non, Monsieur, ne me confiez point votre argent. Je serai bien aise que vous vous serviez de quelque autre.

ARGANTE. – Mon Dieu ! tiens.

SCAPIN. – Non, vous dis-je, ne vous fiez point à moi. Que sait-on si je ne veux point vous attraper votre argent ?

ARGANTE. – Tiens, te dis-je, ne me fais point contester[2] davantage. Mais songe à bien prendre tes sûretés[3] avec lui.

SCAPIN. – Laissez-moi faire, il n'a pas affaire à un sot.

ARGANTE. – Je vais t'attendre chez moi.

SCAPIN. – Je ne manquerai pas d'y aller. *(Seul)* Et un. Je n'ai qu'à chercher l'autre. Ah ! ma foi ! le voici. Il semble que le Ciel, l'un après l'autre, les amène dans mes filets.

1. **Qui accommodera :** qui arrangera.
2. **Contester :** discuter.
3. **Sûretés :** garanties.

Avez-vous bien lu ?

● Scapin veut-il obtenir d'Argante :

❑ 500 pistoles ? ❑ 300 pistoles ? ❑ 200 pistoles ?

Au fil du texte

Scène 5

1. Par quels arguments Scapin essaie-t-il de convaincre Argante que le mariage de son fils n'est pas un grand malheur ?
2. Argante est-il décidé par les arguments de Scapin ? Que veut-il faire pour casser le mariage ?
3. Quel montant Scapin commence-t-il par avancer ? Quel montant nettement inférieur annonce-t-il ensuite ? Dans quel but ?
4. Faites la liste des différents éléments nécessaires à l'équipement militaire, en précisant leur montant. À quelle somme arrive-t-on ? En quoi consiste la stratégie de Scapin ? À quel moment cette stratégie échoue-t-elle ?
5. **Zoom sur les lignes 102 à 130**
   a. Quel est le principal argument utilisé par Scapin pour dissuader Argante de plaider ?
   b. Quelles critiques Molière fait-il de la justice de son temps ?
   c. À quels animaux Scapin compare-t-il les gens de justice ?

6 Quelles sont les réactions d'Argante aux demandes d'argent de Scapin ? Quel verbe revient régulièrement dans sa bouche ?

7 Qu'a décidé Argante à la fin de la scène 5 ? Pourquoi change-t-il d'avis ?

Scène 6

8 Quels sont les trois moments de la scène 6 ? Décrivez l'attitude d'Argante dans chaque partie.

9 Relevez dans les paroles du spadassin ce qui est exagéré et caricatural (vocabulaire, gestes, intonations). De quel genre théâtral cette scène est-elle proche ? Pourquoi peut-on parler de « théâtre dans le théâtre » ?

Pour conclure

10 Montrez qu'Argante est tiraillé entre deux préoccupations contradictoires.

Vocabulaire Le lexique de la trahison

Au début de la scène 6, Scapin dit : « ce père d'Octave a du cœur » (l. 11). Que veut-il dire ? Donnez le sens des expressions suivantes où le mot « cœur » apparaît.

a. avoir du cœur à l'ouvrage
b. avoir le cœur sur la main
c. briser le cœur de quelqu'un
d. être un bourreau des cœurs
e. avoir mal au cœur
f. avoir un cœur d'artichaut

Écriture

Résumez la stratégie de Scapin dans cette scène en utilisant les verbes suivants (après avoir vérifié leur sens dans un dictionnaire) : mentir – amadouer – marchander – plaider – négocier – soutirer de l'argent – critiquer.

Scène 7

GÉRONTE, SCAPIN

SCAPIN, *feignant*[1] *de ne pas voir Géronte.* – Ô Ciel! ô disgrâce[2] imprévue! ô misérable père! Pauvre Géronte, que feras-tu?

GÉRONTE, *à part.* – Que dit-il là de moi, avec ce visage affligé[3]?

SCAPIN, *même jeu.* – N'y a-t-il personne qui puisse me dire où est le seigneur Géronte?

GÉRONTE. – Qu'y a-t-il, Scapin?

SCAPIN, *courant sur le théâtre, sans vouloir entendre ni voir Géronte.* – Où pourrai-je le rencontrer, pour lui dire cette infortune[4]?

GÉRONTE, *courant après Scapin.* – Qu'est-ce que c'est donc?

SCAPIN, *même jeu.* – En vain[5] je cours de tous côtés pour le pouvoir trouver.

GÉRONTE. – Me voici.

SCAPIN, *même jeu.* – Il faut qu'il soit caché en quelque endroit qu'on ne puisse point deviner.

GÉRONTE, *arrêtant Scapin.* – Holà! es-tu aveugle, que tu ne me vois pas?

SCAPIN. – Ah! Monsieur, il n'y a pas moyen de vous rencontrer.

GÉRONTE. – Il y a une heure que je suis devant toi. Qu'est-ce que c'est donc qu'il y a?

SCAPIN. – Monsieur...

1. **Feignant :** faisant semblant.
2. **Disgrâce :** malheur.
3. **Affligé :** triste.
4. **Cette infortune :** ce malheur.
5. **En vain :** inutilement.

GÉRONTE. – Quoi ?

SCAPIN. – Monsieur, votre fils…

GÉRONTE. – Hé bien ! mon fils…

SCAPIN. – Est tombé dans une disgrâce la plus étrange du monde.

GÉRONTE. – Et quelle ?

SCAPIN. – Je l'ai trouvé tantôt tout triste, de je ne sais quoi que vous lui avez dit, où vous m'avez mêlé assez mal à propos ; et, cherchant à divertir[1] cette tristesse, nous nous sommes allés promener sur le port. Là, entre autres plusieurs choses, nous avons arrêté nos yeux sur une galère turque assez bien équipée. Un jeune Turc de bonne mine nous a invités d'y entrer et nous a présenté la main[2]. Nous y avons passé ; il nous a fait mille civilités[3], nous a donné la collation[4], où nous avons mangé des fruits les plus excellents qui se puissent voir, et bu du vin que nous avons trouvé le meilleur du monde.

GÉRONTE. – Qu'y a-t-il de si affligeant à tout cela ?

SCAPIN. – Attendez, Monsieur, nous y voici. Pendant que nous mangions, il a fait mettre la galère en mer, et, se voyant éloigné du port, il m'a fait mettre dans un esquif[5], et m'envoie vous dire que, si vous ne lui envoyez par moi tout à l'heure[6] cinq cents écus, il va vous emmener votre fils en Alger.

GÉRONTE. – Comment, diantre ! cinq cents écus ?

SCAPIN. – Oui, Monsieur ; et de plus, il ne m'a donné pour cela que deux heures.

Tête de Turc

Au XVIIe siècle, le Turc est la figure traditionnelle du brigand au théâtre. On retrouve ce terme dans l'expression « tête de Turc », qui désigne un coupable tout trouvé.

1. **Divertir :** écarter.
2. **Présenté la main :** tendu la main.
3. **Civilités :** politesses.
4. **Collation :** repas léger.
5. **Esquif :** barque.
6. **Tout à l'heure :** immédiatement.

GÉRONTE. – Ah ! le pendard de Turc, m'assassiner de la façon !

SCAPIN. – C'est à vous, Monsieur, d'aviser promptement aux moyens de sauver des fers[7] un fils que vous aimez avec tant de tendresse.

GÉRONTE. – Que diable allait-il faire dans cette galère ?

SCAPIN. – Il ne songeait pas à ce qui est arrivé.

GÉRONTE. – Va-t'en, Scapin, va-t'en dire à ce Turc que je vais envoyer la justice après lui.

SCAPIN. – La justice en pleine mer ! Vous moquez-vous des gens ?

GÉRONTE. – Que diable allait-il faire dans cette galère ?

SCAPIN. – Une méchante destinée conduit quelquefois les personnes.

GÉRONTE. – Il faut, Scapin, il faut que tu fasses ici l'action d'un serviteur fidèle.

SCAPIN. – Quoi, Monsieur ?

GÉRONTE. – Que tu ailles dire à ce Turc qu'il me renvoie mon fils, et que tu te mettes à sa place jusqu'à ce que j'aie amassé la somme qu'il demande.

SCAPIN. – Eh ! Monsieur, songez-vous à ce que vous dites ? et vous figurez-vous que ce Turc ait si peu de sens, que d'aller recevoir un misérable comme moi à la place de votre fils ?

GÉRONTE. – Que diable allait-il faire dans cette galère ?

7. **Des fers :** de l'esclavage.

SCAPIN. – Il ne devinait pas ce malheur. Songez, Monsieur, qu'il ne m'a donné que deux heures.

GÉRONTE. – Tu dis qu'il demande…

SCAPIN. – Cinq cents écus.

GÉRONTE. – Cinq cents écus ! N'a-t-il point de conscience ?

SCAPIN. – Vraiment oui, de la conscience à un Turc.

GÉRONTE. – Sait-il bien ce que c'est que cinq cents écus ?

SCAPIN. – Oui, Monsieur, il sait que c'est mille cinq cents livres.

GÉRONTE. – Croit-il, le traître, que mille cinq cents livres se trouvent dans le pas d'un cheval[1] ?

SCAPIN. – Ce sont des gens qui n'entendent point de raison.

GÉRONTE. – Mais que diable allait-il faire à cette galère ?

SCAPIN. – Il est vrai ; mais quoi ? on ne prévoyait pas les choses. De grâce, Monsieur, dépêchez.

GÉRONTE. – Tiens, voila la clef de mon armoire.

SCAPIN. – Bon.

GÉRONTE. – Tu l'ouvriras.

SCAPIN. – Fort bien.

GÉRONTE. – Tu trouveras une grosse clef du côté gauche, qui est celle de mon grenier.

SCAPIN. – Oui.

Ci-contre :
Octave Penguilly L'Haridon (1811-1870), Illustration pour *Les Fourberies de Scapin*, 1853, Paris, Comédie Française.

1. **Dans le pas d'un cheval :** facilement.

GÉRONTE. – Tu iras prendre toutes les hardes[1] qui sont dans cette grande manne[2], et tu les vendras aux fripiers[3], pour aller racheter mon fils.

SCAPIN, *en lui rendant la clef.* – Eh ! Monsieur, rêvez-vous ? Je n'aurais pas cent francs de tout ce que vous dites ; et de plus, vous savez le peu de temps qu'on m'a donné.

GÉRONTE. – Mais que diable allait-il faire à cette galère ?

SCAPIN. – Oh ! que de paroles perdues ! Laissez là cette galère, et songez que le temps presse, et que vous courez risque de perdre votre fils. Hélas ! mon pauvre maître, peut-être que je ne te verrai de ma vie, et qu'à l'heure que je parle, on t'emmène esclave en Alger. Mais le Ciel me sera témoin que j'ai fait pour toi tout ce que j'ai pu ; et que si tu manques à[4] être racheté, il n'en faut accuser que le peu d'amitié[5] d'un père.

GÉRONTE. – Attends, Scapin, je m'en vais quérir[6] cette somme.

SCAPIN. – Dépêchez donc vite, Monsieur, je tremble que l'heure ne sonne.

GÉRONTE. – N'est-ce pas quatre cents écus que tu dis ?

SCAPIN. – Non : cinq cents écus.

GÉRONTE. – Cinq cents écus ?

SCAPIN. – Oui.

GÉRONTE. – Que diable allait-il faire à cette galère ?

SCAPIN. – Vous avez raison, mais hâtez-vous.

GÉRONTE. – N'y avait-il point d'autre promenade ?

1. **Hardes :** vieux vêtements.
2. **Cette grande manne :** ce grand panier d'osier.
3. **Fripiers :** personnes qui revendent de vieux habits.
4. **Si tu manques à :** si tu ne peux pas.
5. **Amitié :** affection.
6. **Quérir :** chercher.

Scapin. – Cela est vrai. Mais faites promptement.

Géronte. – Ah ! maudite galère !

Scapin, *à part.* – Cette galère lui tient au cœur.

Géronte. – Tiens, Scapin, je ne me souvenais pas que je viens justement de recevoir cette somme en or, et je ne croyais pas qu'elle dût m'être si tôt ravie[7]. *(Il lui présente sa bourse, qu'il ne laisse pourtant pas aller ; et, dans ses transports, il fait aller son bras de côté et d'autre, et Scapin le sien pour avoir la bourse.)* Tiens. Va-t'en racheter mon fils.

Scapin, *tendant la main.* – Oui, Monsieur.

Géronte, *retenant la bourse qu'il fait semblant de vouloir donner à Scapin.* – Mais dis à ce Turc que c'est un scélérat.

Scapin, *tendant toujours la main.* – Oui.

Géronte, *même jeu.* – Un infâme.

Scapin. – Oui.

Géronte, *même jeu.* – Un homme sans foi, un voleur.

Scapin. – Laissez-moi faire.

Géronte, *même jeu.* – Qu'il me tire cinq cents écus contre toute sorte de droit.

Scapin. – Oui.

Géronte, *même jeu.* – Que je ne les lui donne ni à la mort, ni à la vie.

Scapin. – Fort bien.

7. **Ravie :** enlevée.

GÉRONTE. – Et que, si jamais je l'attrape, je saurai me venger de lui.

SCAPIN. – Oui.

GÉRONTE, *remet la bourse dans sa poche, et s'en va.* – Va, va vite requérir mon fils.

SCAPIN, *allant après lui.* – Holà ! Monsieur.

GÉRONTE. – Quoi ?

SCAPIN. – Où est donc cet argent ?

GÉRONTE. – Ne te l'ai-je pas donné ?

SCAPIN. – Non vraiment, vous l'avez remis dans votre poche.

GÉRONTE. – Ah ! c'est la douleur qui me trouble l'esprit.

SCAPIN. – Je le vois bien.

GÉRONTE. – Que diable allait-il faire dans cette galère ? Ah ! maudite galère ! traître de Turc à tous les diables !

SCAPIN, *seul.* – Il ne peut digérer les cinq cents écus que je lui arrache ; mais il n'est pas quitte envers moi, et je veux qu'il me paye en une autre monnaie[1] l'imposture[2] qu'il m'a faite auprès de son fils.

1. **En une autre monnaie :** d'une autre façon.
2. **L'imposture :** la tromperie (voir Acte II, scène 2).

Scène 8

OCTAVE, LÉANDRE, SCAPIN

OCTAVE. – Hé bien ! Scapin, as-tu réussi pour moi dans ton entreprise ?

LÉANDRE. – As-tu fait quelque chose pour tirer mon amour de la peine où il est ?

SCAPIN, *à Octave.* – Voilà deux cents pistoles que j'ai tirées de votre père.

OCTAVE. – Ah ! que tu me donnes de joie !

SCAPIN, *à Léandre.* – Pour vous, je n'ai pu faire rien.

LÉANDRE, *veut s'en aller.* – Il faut donc que j'aille mourir ; et je n'ai que faire de vivre si Zerbinette m'est ôtée.

SCAPIN. – Holà, holà ! tout doucement. Comme diantre vous allez vite !

LÉANDRE, *se retourne.* – Que veux-tu que je devienne ?

SCAPIN. – Allez, j'ai votre affaire ici.

LÉANDRE, *revient.* – Ah ! tu me redonnes la vie.

SCAPIN. – Mais à condition que vous me permettrez à moi une petite vengeance contre votre père, pour le tour qu'il m'a fait.

LÉANDRE. – Tout ce que tu voudras.

SCAPIN. – Vous me le promettez devant témoin ?

LÉANDRE. – Oui.

SCAPIN. – Tenez, voilà cinq cents écus.

LÉANDRE. – Allons-en promptement acheter celle que j'adore.

Ci-contre :
Johann Ludwig Fesch (1697-1778), gouache pour *Les Fourberies de Scapin*, Bibliothèque de la Comédie-Française.

Pause lecture 6

Avez-vous bien lu ?

- Pourquoi Scapin veut-il se venger ?

❑ Géronte a répété ses paroles à Argante. ❑ Géronte l'a battu.
❑ Géronte ne lui a pas donné ses gages.

Au fil du texte

Scène 7

1. Quelle est la première réaction de Géronte quand il apprend l'enlèvement de son fils ? En quoi est-elle comique ?

2. Quelle phrase revient comme un refrain ? Combien de fois Géronte la prononce-t-il ? Sur quel ton ?

3. Quelles solutions propose Géronte pour ne pas payer la rançon ? Quel trait de caractère cela révèle-t-il ?

4. **Zoom sur les lignes 119 à 150**

   a. En quoi consiste le comique de gestes (l. 121-147) ? Appuyez-vous sur les didascalies pour répondre.

   b. Montrez que le comique de gestes occupe une place de plus en plus importante à mesure que la scène avance.

5. À la fin de la scène Scapin obtient-il l'argent ?

Scène 8

6. Montrez que l'acte se finit sur le triomphe de Scapin. Pourquoi la pièce n'est-elle cependant pas terminée ?

Pour conclure

7 Comparez les deux histoires inventées par Scapin pour Argante et pour Géronte. Laquelle est la plus invraisemblable ? Scapin a-t-il utilisé la même stratégie pour tromper Argante et Géronte ? Pourquoi ?

8 Quel père est le plus ridiculisé à votre avis ?

Vocabulaire Niveau de langue

▸ Un passage de la scène 7 illustre l'avarice de Géronte.
Classez les termes suivants selon leur niveau de langue (familier, neutre, soutenu) : avare – pingre – radin – grigou – grippe-sou – harpagon – ladre – pisse-vinaigre – rapiat – fesse-mathieu.

Écriture

Écrivez un monologue

Imaginez la scène 9 de l'Acte II sous la forme d'un monologue de Scapin. Il repense à ce qui vient de se passer, se réjouit du succès de ses fourberies et échafaude des plans pour la suite.

Recherche

Dans quelle pièce de Molière trouve-t-on un avare ? Comment s'appelle-t-il ?
D'où vient ce type de personnage ? Aidez-vous du dossier disponible sur le site : https://www.comedie-italienne.fr/

Retour sur…

I L'action

1. Comment la situation a-t-elle évolué entre le début et la fin de l'acte II ? Que devait obtenir Scapin ? A-t-il réussi ?

2. Résumez les fourberies de Scapin dans cet acte.

3. Nommez les scènes où l'on trouve des quiproquos. Quelles-en sont les conséquences ?

4. La situation des deux couples est-elle complètement résolue ?

II Les personnages

5. Donnez deux exemples de l'adresse de Scapin.

6. Donnez deux exemples de l'avarice de Géronte.

7. Quel rôle joue Silvestre dans cet acte ?

8. Quels personnages sont antipathiques ? Quels sont leurs défauts ?

III Les thèmes

9. De quoi Molière se moque-t-il tout particulièrement dans cet acte ?
– de la médecine ?
– de la justice ?
– de l'éducation ?
Justifiez votre réponse.

10. On retrouve dans cet acte un grand nombre de thèmes de la *commedia dell'arte* (voir Outils de lecture p. 134) : lesquels ?

ACTE III

ZERBINETTE, HYACINTE, SCAPIN, SILVESTRE

SILVESTRE. – Oui, vos amants[1] ont arrêté[2] entre eux que vous fussiez ensemble ; et nous nous acquittons de l'ordre qu'ils nous ont donné.

HYACINTE, *à Zerbinette.* – Un tel ordre n'a rien qui ne me soit fort agréable. Je reçois avec joie une compagnie de la sorte ; et il ne tiendra pas à moi que l'amitié qui est entre les personnes que nous aimons ne se répande entre nous deux.

ZERBINETTE. – J'accepte la proposition, et ne suis point personne à reculer, lorsqu'on m'attaque d'amitié[3].

SCAPIN. – Et lorsque c'est d'amour qu'on vous attaque ?

ZERBINETTE. – Pour l'amour, c'est une autre chose ; on y court un peu plus de risque, et je n'y suis pas si hardie.

SCAPIN. – Vous l'êtes, que je crois, contre mon maître maintenant ; et ce qu'il vient de faire pour vous doit vous donner du cœur pour répondre comme il faut à sa passion.

ZERBINETTE. – Je ne m'y fie encore que de la bonne sorte[4] ; et ce n'est pas assez pour m'assurer[5] entièrement que ce qu'il vient de faire. J'ai l'humeur enjouée, et sans cesse je ris ; mais tout en riant, je suis sérieuse sur de certains chapitres ; et ton maître s'abusera[6], s'il croit qu'il lui suffise de m'avoir achetée pour me voir toute à lui. Il doit lui en coûter autre chose que de l'argent ; et pour répondre à son amour de la manière qu'il souhaite, il me faut un don de sa foi[7] qui soit assaisonné de certaines cérémonies qu'on trouve nécessaires[8].

1. **Vos amants :** ceux qui vous aiment (Octave et Léandre).
2. **Arrêté :** décidé.
3. **M'attaque d'amitié :** me propose son amitié.
4. **Que de la bonne sorte :** qu'avec prudence.
5. **M'assurer :** me rassurer.
6. **S'abusera :** se trompera.
7. **Sa foi :** sa fidélité.
8. **Certaines cérémonies qu'on trouve nécessaires :** le mariage.

SCAPIN. – C'est là aussi comme il l'entend. Il ne prétend à vous qu'en tout bien et en tout honneur; et je n'aurais pas été homme à me mêler de cette affaire, s'il avait une autre pensée.

ZERBINETTE. – C'est ce que je veux croire, puisque vous me le dites; mais, du côté du père, j'y prévois des empêchements.

SCAPIN. – Nous trouverons moyen d'accommoder les choses.

HYACINTE, *à Zerbinette.* – La ressemblance de nos destins doit contribuer encore à faire naître notre amitié; et nous nous voyons toutes deux dans les mêmes alarmes, toutes deux exposées à la même infortune.

ZERBINETTE. – Vous avez cet avantage, au moins, que vous savez de qui vous êtes née; et que l'appui de vos parents, que vous pouvez faire connaître, est capable d'ajuster tout, peut assurer votre bonheur, et faire donner un consentement au mariage qu'on trouve fait. Mais pour moi, je ne rencontre aucun secours dans ce que je puis être, et l'on me voit dans un état[9] qui n'adoucira pas les volontés d'un père qui ne regarde que le bien[10].

HYACINTE. – Mais aussi avez-vous cet avantage, que l'on ne tente point par un autre parti[11] celui que vous aimez.

ZERBINETTE. – Le changement du cœur d'un amant n'est pas ce qu'on peut le plus craindre. On se peut naturellement croire assez de mérite pour garder sa conquête; et ce que je vois de plus redoutable dans ces sortes d'affaires, c'est la puissance paternelle, auprès de qui tout le mérite ne sert de rien.

9. **Un état :** une situation.
10. **Le bien :** la fortune.
11. **Un autre parti :** une autre personne à épouser.

HYACINTE. – Hélas! pourquoi faut-il que de justes inclinations[1] se trouvent traversées[2]? La douce chose que d'aimer, lorsque l'on ne voit point d'obstacle à ces aimables chaînes dont deux cœurs se lient ensemble!

SCAPIN. – Vous vous moquez: la tranquillité en amour est un calme désagréable; un bonheur tout uni nous devient ennuyeux; il faut du haut et du bas dans la vie; et les difficultés qui se mêlent aux choses réveillent les ardeurs, augmentent les plaisirs.

ZERBINETTE. – Mon Dieu, Scapin, fais-nous un peu ce récit, qu'on m'a dit qui est si plaisant, du stratagème[3] dont tu t'es avisé[4] pour tirer de l'argent de ton vieillard avare. Tu sais qu'on ne perd point sa peine[5] lorsqu'on me fait un conte, et que je le paye assez bien par la joie qu'on m'y voit prendre.

SCAPIN. – Voilà Silvestre qui s'en acquittera aussi bien que moi. J'ai dans la tête certaine petite vengeance, dont je vais goûter le plaisir.

SILVESTRE. – Pourquoi, de gaieté de cœur, veux-tu chercher à t'attirer de méchantes affaires?

SCAPIN. – Je me plais à tenter des entreprises hasardeuses.

SILVESTRE. – Je te l'ai déjà dit, tu quitterais le dessein[6] que tu as, si tu m'en voulais croire.

SCAPIN. – Oui, mais c'est moi que j'en croirai.

SILVESTRE. – À quoi diable te vas-tu amuser?

SCAPIN. – De quoi diable te mets-tu en peine?

1. **Inclinations :** amours.
2. **Se trouvent traversées :** rencontrent des obstacles.
3. **Du stratagème :** de la ruse.
4. **Dont tu t'es avisé :** que tu as imaginé.
5. **Qu'on ne perd point sa peine :** qu'on voit ses efforts récompensés.
6. **Dessein :** projet.

SILVESTRE. – C'est que je vois que, sans nécessité, tu vas courir risque de t'attirer une venue[7] de coups de bâton.

SCAPIN. – Hé bien ! c'est aux dépens de mon dos, et non pas du tien.

SILVESTRE. – Il est vrai que tu es maître de tes épaules, et tu en disposeras comme il te plaira.

SCAPIN. – Ces sortes de périls ne m'ont jamais arrêté, et je hais ces cœurs pusillanimes[8] qui, pour trop prévoir les suites des choses, n'osent rien entreprendre.

ZERBINETTE, *à Scapin.* – Nous aurons besoin de tes soins.

SCAPIN. – Allez : je vous irai bientôt rejoindre. Il ne sera pas dit qu'impunément[9] on m'ait mis en état[10] de me trahir moi-même, et de découvrir des secrets qu'il était bon qu'on ne sût pas.

7. **Venue :** série.
8. **Pusillanimes :** craintifs.
9. **Impunément :** sans être puni.
10. **En état :** en situation.

Scène 2

GÉRONTE, SCAPIN

GÉRONTE. – Hé bien, Scapin, comment va l'affaire de mon fils ?

SCAPIN. – Votre fils, Monsieur, est en lieu de sûreté[1] ; mais vous courez maintenant, vous, le péril le plus grand du monde, et je voudrais pour beaucoup que vous fussiez dans votre logis.

GÉRONTE. – Comment donc ?

SCAPIN. – À l'heure que je vous parle, on vous cherche de toutes parts pour vous tuer.

GÉRONTE. – Moi ?

SCAPIN. – Oui.

GÉRONTE. – Et qui ?

SCAPIN. – Le frère de cette personne qu'Octave a épousée. Il croit que le dessein que vous avez de mettre votre fille à la place que tient sa sœur est ce qui pousse le plus fort à faire rompre leur mariage ; et, dans cette pensée, il a résolu hautement de décharger son désespoir sur vous et vous ôter la vie pour venger son honneur. Tous ses amis, gens d'épée comme lui, vous cherchent de tous les côtés et demandent de vos nouvelles. J'ai vu même deçà et delà des soldats de sa compagnie qui interrogent ceux qu'ils trouvent, et occupent par pelotons toutes les avenues[2] de votre maison. De sorte que vous ne sauriez aller chez vous, vous ne sauriez faire un pas ni à droite ni à gauche, que vous ne tombiez dans leurs mains.

1. **De sûreté :** en sécurité.
2. **Toutes les avenues :** tous les accès.

GÉRONTE. – Que ferai-je, mon pauvre Scapin ?

SCAPIN. – Je ne sais pas, Monsieur, et voici une étrange affaire. Je tremble pour vous depuis les pieds jusqu'à la tête, et… Attendez. *(Il se retourne, et fait semblant d'aller voir au bout du théâtre s'il n'y a personne.)*

GÉRONTE, *en tremblant.* – Eh ?

SCAPIN, *en revenant.* – Non, non, non, ce n'est rien.

GÉRONTE. – Ne saurais-tu trouver quelque moyen pour me tirer de peine ?

SCAPIN. – J'en imagine bien un ; mais je courrais risque, moi, de me faire assommer.

GÉRONTE. – Eh ! Scapin, montre-toi serviteur zélé[3] : ne m'abandonne pas, je te prie.

SCAPIN. – Je le veux bien. J'ai une tendresse pour vous qui ne saurait souffrir[4] que je vous laisse sans secours.

GÉRONTE. – Tu en seras récompensé, je t'assure ; et je te promets cet habit-ci, quand je l'aurai un peu usé.

SCAPIN. – Attendez. Voici une affaire[5] que je me suis trouvée fort à propos pour vous sauver. Il faut que vous vous mettiez dans ce sac et que…

GÉRONTE, *croyant voir quelqu'un.* – Ah !

SCAPIN. – Non, non, non, non, ce n'est personne. Il faut, dis-je, que vous vous mettiez là-dedans, et que vous vous gardiez[6] de remuer en aucune façon. Je vous chargerai sur mon dos, comme un paquet de quelque chose, et je vous porterai

3. **Zélé :** dévoué.
4. **Souffrir :** supporter.
5. **Une affaire :** un objet.
6. **Que vous vous gardiez :** que vous évitiez.

ainsi au travers de vos ennemis, jusque dans votre maison, où, quand nous serons une fois, nous pourrons nous barricader, et envoyer quérir[1] main-forte contre la violence.

GÉRONTE. – L'invention est bonne.

SCAPIN. – La meilleure du monde. Vous allez voir. *(À part.)* Tu me paieras l'imposture[2].

GÉRONTE. – Eh?

SCAPIN. – Je dis que vos ennemis seront bien attrapés. Mettez-vous bien jusqu'au fond, et surtout prenez garde de ne vous point montrer, et de ne branler pas[2], quelque chose qui puisse arriver.

GÉRONTE. – Laisse-moi faire. Je saurai me tenir…

SCAPIN. – Cachez-vous: voici un spadassin qui vous cherche. *(En contrefaisant sa voix.)* «Quoi? jé n'aurai pas l'abantage dé tuer cé Geronte, et quelqu'un par charité né m'enseignera pas où il est?» *(À Géronte de sa voix ordinaire.)* Ne branlez pas. *(Reprenant son ton contrefait.)* «Cadédis[4], jé lé trouberai, sé cachât-il au centre dé la terre.» *(À Géronte avec son ton naturel.)* Ne vous montrez pas. *(Tout le langage gascon est supposé de celui qu'il contrefait, et le reste de lui.)* «Oh, l'homme au sac!» Monsieur. «Jé té vaille[5] un louis, et m'enseigne où put être Geronte.» Vous cherchez le seigneur Géronte? «Oui, mordi! jé lé cherche.» Et pour quelle affaire, Monsieur? «Pour quelle affaire?» Oui. «Jé beux, cadédis! lé faire mourir sous les coups de vaton.» Oh! Monsieur, les coups de bâton ne se donnent point à des gens comme lui, et ce n'est pas un homme à être traité de la sorte. «Qui, cé fat[6] dé Geronte, cé maraut, cé vélître[7]?» Le seigneur Géronte, Monsieur, n'est ni fat, ni maraud, ni bélître, et vous

Le langage gascon

La Gascogne est une ancienne province située entre la chaîne des Pyrénées, l'océan Atlantique et la Garonne, marquée par une forte identité culturelle et un dialecte particulier.

1. **Quérir :** chercher.
2. **L'imposture :** la tromperie.
3. **Ne branler pas :** ne pas bouger.
4. **Cadédis :** par la tête de Dieu (juron).
5. **Vaille :** baille (donne).
6. **Cé fat :** cet idiot.
7. **Cé vélître :** ce bélître (bon à rien).

devriez, s'il vous plaît, parler d'autre façon. « Comment, tu mé traites, à moi, avec cette hauteur ? » Je défends, comme je dois, un homme d'honneur qu'on offense. « Est-ce que tu es des amis dé cé Geronte ? » Oui, Monsieur, j'en suis. « Ah ! cadédis, tu es de ses amis, à la vonne hure. » *(Il donne plusieurs coups de bâton sur le sac.)* « Tiens. Boilà cé que jé té vaille pour lui. » Ah, ah, ah ! ah, Monsieur ! Ah, ah, Monsieur ! tout beau. Ah, doucement, ah, ah, ah ! « Va, porte-lui cela de ma part. Adiusias[8] ! » Ah ! diable soit le Gascon. Ah ! *(En se plaignant et remuant le dos, comme s'il avait reçu les coups de bâton.)*

GÉRONTE, *mettant la tête hors du sac.* – Ah ! Scapin, je n'en puis plus !

SCAPIN. – Ah ! Monsieur, je suis tout moulu, et les épaules me font un mal épouvantable.

GÉRONTE. – Comment ? c'est sur les miennes qu'il a frappé.

SCAPIN. – Nenni, Monsieur, c'était sur mon dos qu'il frappait.

GÉRONTE. – Que veux-tu dire ? J'ai bien senti les coups, et les sens bien encore.

SCAPIN. – Non, vous dis-je, ce n'est que le bout du bâton qui a été jusque sur vos épaules.

GÉRONTE. – Tu devais donc te retirer un peu plus loin, pour m'épargner…

SCAPIN, *lui remet la tête dans le sac.* – Prenez garde. En voici un autre qui a la mine d'un étranger. *(Cet endroit est de même celui[2] du Gascon, pour le changement de langage, et le jeu de théâtre.)* « Parti ! moi courir comme une Basque[10], et moi ne pouvre point troufair de tout le jour sti tiable de Gironte ? »

Quand Scapin imite…

Pour prendre l'accent gascon, Scapin remplace les *b* par des *v* et inversement. Pour « parler » allemand (l. 103 à 128), il change les *d* en *t*, les *v* en *f*, les *b* en *p*. Il prononce tous les infinitifs en *-er*. Son imitation est grossière, mais elle fait beaucoup rire.

8. **Adiusias :** adieu.
9. **Cet endroit est de même celui :** le lieu est le même que celui.
10. **Comme une Basque :** très vite.

Ci-contre :
Les Fourberies de Scapin, mise en scène de Marc Paquien, 2015, avec Denis Lavant (Scapin) et Daniel Martin (Géronte).

(À Géronte, avec sa voix ordinaire.) Cachez-vous bien. « Dites-moi un peu fous, Monsir l'homme, s'il ve plaist, fous savoir point où l'est sti Gironte que moi cherchair ? » Non, Monsieur, je ne sais point où est Géronte. « Dites-moi-le fous, frenchemente, moi li fouloir pas grande chose à lui. L'est seulemente pour li donnair un petite régale sur le dos d'une douzaine de coups de bastonne, et de trois ou quatre petites coups d'épée au trafers de son poitrine. » Je vous assure, Monsieur, que je ne sais pas où il est. « Il me semble que j'y foi remuair quelque chose dans sti sac. » Pardonnez-moi, Monsieur. « Li est assurémente quelque histoire là-tetans. » Point du tout, Monsieur. « Moi l'avoir enfie de tonner ain coup d'épée dans ste sac. » Ah ! Monsieur, gardez-vous-en bien. « Montre-le-moi un peu fous ce que c'estre là. » Tout beau, Monsieur. « Quement ? tout beau ? » Vous n'avez que faire de vouloir voir ce que je porte. « Et moi, je le fouloir foir, moi. » Vous ne le verrez point. « Ahi que de badinemente[1] ! » Ce sont hardes[2] qui m'appartiennent. « Montre-moi fous, te dis-je. » Je n'en ferai rien. « Toi ne faire rien ? » Non. « Moi pailler de ste bastonne dessus les épaules de toi. » Je me moque de cela. « Ah ! toi faire le trole ! » *(Donnant des coups de bâton sur le sac et criant comme s'il les recevait.)* Ahi, ahi, ahi ; ah, Monsieur, ah, ah, ah. « Jusqu'au refoir : l'estre là un petit leçon pour li apprendre à toi à parlair insolentemente ! » Ah ! peste soit du baragouineux[3] ! Ah !

GÉRONTE, *sortant sa tête du sac.* – Ah ! je suis roué[4] !

SCAPIN. – Ah ! je suis mort !

GÉRONTE. – Pourquoi diantre faut-il qu'ils frappent sur mon dos ?

1. **Badinemente :** plaisanteries mensongères (mot inventé formé à partir de *badiner* et *mentir*).
2. **Hardes :** vieux vêtements.
3. **Baragouineux :** personne qui parle de manière incompréhensible.
4. **Roué :** brisé par les coups.

Scapin, *lui remettant sa tête dans le sac.* – Prenez garde, voici une demi-douzaine de soldats tout ensemble. *(Il contrefait plusieurs personnes ensemble.)* « Allons, tâchons à trouver ce Géronte, cherchons partout. N'épargnons point nos pas. Courons toute la ville. N'oublions aucun lieu. Visitons tout. Furetons[1] de tous les côtés. Par où irons-nous ? Tournons par là. Non, par ici. À gauche. À droite. Nenni. Si fait. » *(À Géronte, avec sa voix ordinaire.)* Cachez-vous bien. « Ah ! camarades, voici son valet. Allons, coquin, il faut que tu nous enseignes où est ton maître. » Eh ! Messieurs, ne me maltraitez point. « Allons, dis-nous où il est. Parle. Hâte-toi. Expédions. Dépêche vite. Tôt. » Eh ! Messieurs, doucement. *(Géronte met doucement la tête hors du sac et aperçoit la fourberie de Scapin.)* « Si tu ne nous fais trouver ton maître tout à l'heure, nous allons faire pleuvoir sur toi une ondée de coups de bâton. » J'aime mieux souffrir toute chose que de vous découvrir mon maître. « Nous allons t'assommer. » Faites tout ce qu'il vous plaira. « Tu as envie d'être battu ? » Je ne trahirai point mon maître. « Ah ! tu en veux tâter ? Voilà... » Oh !

Comme il est prêt de frapper,
Géronte sort du sac, et Scapin s'enfuit.

Géronte. – Ah, infâme ! ah, traître ! ah, scélérat ! C'est ainsi que tu m'assassines.

1. **Furetons :** cherchons.

Scène 3

ZERBINETTE, GÉRONTE

ZERBINETTE, *en riant, sans voir Géronte.* – Ah, ah, je veux prendre un peu l'air.

GÉRONTE, *se croyant seul.* – Tu me le paieras, je te jure.

ZERBINETTE, *sans voir Géronte.* – Ah ! ah, ah, ah, la plaisante histoire ! et la bonne dupe que ce vieillard !

GÉRONTE. – Il n'y a rien de plaisant à cela ; et vous n'avez que faire d'en rire.

ZERBINETTE. – Quoi ? Que voulez-vous dire, Monsieur ?

GÉRONTE. – Je veux dire que vous ne devez pas vous moquer de moi.

ZERBINETTE. – De vous ?

GÉRONTE. – Oui.

ZERBINETTE. – Comment ? qui songe à se moquer de vous ?

GÉRONTE. – Pourquoi venez-vous ici me rire au nez ?

ZERBINETTE. – Cela ne vous regarde point, et je ris toute seule d'un conte qu'on vient de me faire, le plus plaisant qu'on puisse entendre. Je ne sais pas si c'est parce que je suis intéressée dans la chose ; mais je n'ai jamais trouvé rien de si drôle qu'un tour qui vient d'être joué par un fils à son père, pour en attraper de l'argent.

GÉRONTE. – Par un fils à son père, pour en attraper de l'argent ?

ZERBINETTE. – Oui. Pour peu que vous me pressiez[1], vous me trouverez assez disposée à vous dire l'affaire, et j'ai une démangeaison naturelle à faire part des contes que je sais.

GÉRONTE. – Je vous prie de me dire cette histoire.

ZERBINETTE. – Je le veux bien. Je ne risquerai pas grand-chose à vous la dire, et c'est une aventure qui n'est pas pour être longtemps secrète. La destinée a voulu que je me trouvasse parmi une bande de ces personnes qu'on appelle Égyptiens[2], et qui, rôdant de province en province, se mêlent de dire la bonne fortune, et quelquefois de beaucoup d'autres choses. En arrivant dans cette ville, un jeune homme me vit, et conçut pour moi de l'amour. Dès ce moment, il s'attache à mes pas, et le voilà d'abord comme tous les jeunes gens, qui croient qu'il n'y a qu'à parler, et qu'au moindre mot qu'ils nous disent, leurs affaires sont faites; mais il trouva une fierté[3] qui lui fit un peu corriger ses premières pensées. Il fit connaître sa passion aux gens qui me tenaient, et il les trouva disposés à me laisser à lui moyennant quelque somme. Mais le mal de l'affaire était que mon amant se trouvait dans l'état où l'on voit très souvent la plupart des fils de famille, c'est-à-dire qu'il était un peu dénué d'argent; et il a un père qui, quoique riche, est un avaricieux[4] fieffé[5], le plus vilain[6] homme du monde. Attendez. Ne me saurais-je souvenir de son nom? Haye! Aidez-moi un peu. Ne pouvez-vous me nommer quelqu'un de cette ville qui soit connu pour être avare au dernier point?

GÉRONTE. – Non.

ZERBINETTE. – Il y a à son nom du ron... ronte. Or... Oronte. Non. Gé... Géronte; oui, Géronte, justement; voilà mon

1. **Pressiez :** demandiez.
2. **Égyptiens :** bohémiens.
3. **Fierté :** dignité.
4. **Avaricieux :** avare.
5. **Fieffé :** au plus haut point.
6. **Vilain :** misérable.

vilain, je l'ai trouvé, c'est ce ladre-là[7] que je dis. Pour venir à notre conte, nos gens ont voulu aujourd'hui partir de cette ville; et mon amant m'allait perdre faute d'argent, si, pour en tirer de son père, il n'avait trouvé de secours dans l'industrie[8] d'un serviteur qu'il a. Pour le nom du serviteur, je le sais à merveille: il s'appelle Scapin; c'est un homme incomparable, et il mérite toutes les louanges qu'on peut donner.

GÉRONTE, *à part*. – Ah! coquin que tu es!

ZERBINETTE. – Voici le stratagème dont il s'est servi pour attraper sa dupe. Ah, ah, ah, ah. Je ne saurais m'en souvenir, que[9] je ne rie de tout mon cœur. Ah, ah, ah. Il est allé trouver ce chien d'avare, ah, ah, ah; et lui a dit qu'en se promenant sur le port avec son fils, hi, hi, ils avaient vu une galère turque où on les avait invités d'entrer; qu'un jeune Turc leur y avait donné la collation, ah; que, tandis qu'ils mangeaient, on avait mis la galère en mer; et que le Turc l'avait renvoyé, lui seul, à terre dans un esquif[10], avec l'ordre de dire au père de son maître qu'il emmenait son fils en Alger, s'il ne lui envoyait tout à l'heure cinq cents écus. Ah, ah, ah. Voilà mon ladre, mon vilain dans de furieuses angoisses et la tendresse qu'il a pour son fils fait un combat étrange avec son avarice. Cinq cents écus qu'on lui demande sont justement cinq cents coups de poignard qu'on lui donne. Ah, ah, ah. Il ne peut se résoudre à tirer cette somme de ses entrailles; et la peine qu'il souffre lui fait trouver cent moyens ridicules pour ravoir son fils. Ah, ah, ah. Il veut envoyer la justice en mer après la galère du Turc. Ah, ah, ah. Il sollicite son valet[11] de s'aller offrir à tenir la place de son fils jusqu'à ce qu'il ait amassé l'argent qu'il n'a pas envie de donner. Ah, ah, ah. Il abandonne, pour faire les cinq cents écus, quatre ou cinq vieux

7. **Ce ladre-là :** cet avare-là.
8. **Industrie :** habileté.
9. **Que :** sans que.
10. **Esquif :** barque.
11. **Il sollicite son valet :** il demande avec insistance à son valet.

habits qui n'en valent pas trente. Ah, ah, ah. Le valet lui fait comprendre, à tous coups, l'impertinence[1] de ses propositions, et chaque réflexion est douloureusement accompagnée d'un : « Mais que diable allait-il faire à cette galère ? Ah ! maudite galère ! Traître de Turc ! » Enfin, après plusieurs détours, après avoir longtemps gémi et soupiré… Mais il me semble que vous ne riez point de mon conte. Qu'en dites-vous ?

GÉRONTE. – Je dis que le jeune homme est un pendard, un insolent, qui sera puni par son père du tour qu'il lui a fait ; que l'Égyptienne est une malavisée, une impertinente, de dire des injures à un homme d'honneur, qui saura lui apprendre à venir ici débaucher[2] les enfants de famille[3] ; et que le valet est un scélérat[4], qui sera par Géronte envoyé au gibet[5] avant qu'il soit demain.

1. **Impertinence :** absurdité.
2. **Débaucher :** détourner du droit chemin.
3. **Enfants de famille :** fils de bonne famille.
4. **Scélérat :** coquin, bandit.
5. **Au gibet :** à la pendaison.

Scène 4

Silvestre, Zerbinette

Silvestre. – Où est-ce donc que vous vous échappez ? Savez-vous bien que vous venez de parler là au père de votre amant ?

Zerbinette. – Je viens de m'en douter, et je me suis adressée à lui-même sans y penser, pour lui conter son histoire.

Silvestre. – Comment, son histoire ?

Zerbinette. – Oui, j'étais toute remplie du conte, et je brûlais de le redire. Mais qu'importe ? Tant pis pour lui. Je ne vois pas que les choses pour nous en puissent être ni pis ni mieux.

Silvestre. – Vous aviez grande envie de babiller[6] ; et c'est avoir bien de la langue que de ne pouvoir se taire de ses propres affaires.

Zerbinette. – N'aurait-il pas appris cela de quelque autre ?

6. **Babiller :** bavarder.

Scène 5

Passer la plume par le bec

Pour empêcher les oies de traverser les haies et d'entrer dans les jardins, on leur passait une plume à travers les deux orifices du bec. Ici, Argante veut dire que personne ne pourra l'empêcher de faire ce qu'il veut.

ARGANTE, SILVESTRE

ARGANTE. – Holà ! Silvestre.

SILVESTRE, *à Zerbinette.* – Rentrez dans la maison. Voilà mon maître qui m'appelle.

ARGANTE. – Vous vous êtes donc accordés[1], coquin ; vous vous êtes accordés, Scapin, vous, et mon fils, pour me fourber[2] et vous croyez que je l'endure[3] ?

SILVESTRE. – Ma foi ! Monsieur, si Scapin vous fourbe, je m'en lave les mains, et vous assure que je n'y trempe en aucune façon.

ARGANTE. – Nous verrons cette affaire, pendard, nous verrons cette affaire, et je ne prétends pas qu'on me fasse passer la plume par le bec.

1. **Accordés :** mis d'accord.
2. **Fourber :** tromper.
3. **Je l'endure :** je pourrai le supporter.

Scène 6

GÉRONTE, ARGANTE, SILVESTRE

GÉRONTE. – Ah ! seigneur Argante, vous me voyez accablé de disgrâce.

ARGANTE. – Vous me voyez aussi dans un accablement horrible.

GÉRONTE. – Le pendard de Scapin, par une fourberie, m'a attrapé cinq cents écus.

ARGANTE. – Le même pendard de Scapin, par une fourberie aussi, m'a attrapé deux cents pistoles.

GÉRONTE. – Il ne s'est pas contenté de m'attraper cinq cents écus : il m'a traité d'une manière que j'ai honte de dire. Mais il me la paiera.

ARGANTE. – Je veux qu'il me fasse raison[4] de la pièce qu'il m'a jouée.

GÉRONTE. – Et je prétends faire de lui une vengeance exemplaire.

SILVESTRE, *à part*. – Plaise au Ciel que dans tout ceci je n'aie point ma part !

GÉRONTE. – Mais ce n'est pas encore tout, seigneur Argante, et un malheur nous est toujours l'avant-coureur d'un autre. Je me réjouissais aujourd'hui de l'espérance d'avoir ma fille, dont je faisais toute ma consolation ; et je viens d'apprendre de mon homme[5] qu'elle est partie il y a longtemps, de

4. **Qu'il me fasse raison :** qu'il soit puni.
5. **Homme :** serviteur (voir Acte II, scène 1, première réplique).

Tarente[1], et qu'on y croit qu'elle a péri dans le vaisseau[2] où elle s'embarqua.

ARGANTE. – Mais pourquoi, s'il vous plaît, la tenir à Tarente, et ne vous être pas donné la joie de l'avoir avec vous ?

GÉRONTE. – J'ai eu mes raisons pour cela ; et des intérêts de famille m'ont obligé jusques ici à tenir fort secret ce second mariage. Mais que vois-je ?

1. **Tarente :** port de l'Italie du Sud.
2. **Vaisseau :** navire.

Ci-contre :
Les Fourberies de Scapin, mise en scène de Denis Podalydès, Comédie-Française, 2017, avec Adeline d'Hermy (Zerbinette) et Didier Sandre (Géronte).

Pause lecture 7

Avez-vous bien lu ?

- À la fin de la scène, où Géronte se trouve-t-il ?

❑ Dans le sac. ❑ Hors du sac. ❑ Chez lui.

Au fil du texte

Scène 1

1. Quelles sont les inquiétudes de Hyacinte? celles de Zerbinette ? et de Silvestre ? Montrez qu'à l'inverse Scapin se définit par son goût du risque et sa confiance dans l'avenir.
2. Relevez la phrase où Scapin explique pourquoi il prend des risques. Les fourberies qui précèdent illustrent-elles ce propos ?

Scène 2

3. Pour quelles raisons Scapin met-il Géronte dans un sac ? Vous distinguerez la raison que Scapin donne à Géronte et le motif véritable.
4. Comment Géronte réagit-il au récit que Scapin lui fait de la situation ? Appuyez-vous sur les répliques et les didascalies (voir Outils de lecture p. 134) pour justifier votre réponse.
5. **Zoom sur les lignes 62 à 99**

   a. Quels rôles Scapin joue-t-il ? Pourquoi peut-on parler de théâtre dans le théâtre ? Scapin est-il un bon comédien ?

   b. Pourquoi les didascalies sont-elles importantes ? Quelles indications donnent-elles ?

   c. Résumez les différents types de comique présents dans cette tirade. (voir Lexique p. 136)

Scène 3 à 6

6 En quoi la situation est-elle comique ? Relevez tous les termes employés par Zerbinette pour désigner, sans le savoir, Géronte. Qui lève le quiproquo (voir Lexique p. 135) ?

7 Zerbinette regrette-t-elle sa gaffe ? Quel trait de son caractère révèle-t-elle ? Pourquoi est-elle bien assortie à Léandre ?

8 Comment sont construites les répliques d'Argante et de Géronte au début de la scène 6 ? Que souligne ce procédé ?

Pour conclure

9 Quelles sont les deux humiliations subies par Géronte des scènes 1 à 6 ?

10 Montrez que dans les scènes 1 à 6 on trouve à la fois du comique de farce et du comique de caractère.

Vocabulaire Les homonymes

Recopiez les phrases suivantes en les complétant avec des homonymes de « coup ».

a. Argante ne veut pas donner deux cents pistoles pour libérer son fils car il estime que le ... est trop élevé.

b. Géronte s'aperçoit de la fourberie de Scapin quand il sort la tête et son ... du sac.

c. La comédie de Molière durant laquelle Scapin a donné de nombreux ... de bâton se termine par un ... de théâtre.

Lecture à haute voix

Entraînez-vous à dire les différentes tirades de Scapin, en travaillant à la fois les accents et le changement de rôle à l'intérieur de la tirade.

Scène 7

Nérine, Argante, Géronte, Silvestre

Géronte. – Ah ! te voilà, Nourrice ?

Nérine, *se jetant à ses genoux.* – Ah ! seigneur Pandolphe, que…

Géronte. – Appelle-moi Géronte, et ne te sers plus de ce nom. Les raisons ont cessé qui m'avaient obligé à le prendre parmi vous à Tarente.

Nérine. – Las[1] ! que ce changement de nom nous a causé de troubles et d'inquiétudes dans les soins que nous avons pris de vous venir chercher ici !

Géronte. – Où est ma fille, et sa mère ?

Nérine. – Votre fille, Monsieur, n'est pas loin d'ici. Mais avant que de vous la faire voir, il faut que je vous demande pardon de l'avoir mariée, dans l'abandonnement[2] où, faute de vous rencontrer, je me suis trouvée avec elle.

Géronte. – Ma fille mariée !

Nérine. – Oui, monsieur.

Géronte. – Et avec qui ?

Nérine. – Avec un jeune homme nommé Octave, fils d'un certain seigneur Argante.

Géronte. – Ô Ciel !

Argante. – Quelle rencontre !

Géronte. – Mène-nous, mène-nous promptement où elle est.

Nérine. – Vous n'avez qu'à entrer dans ce logis.

Géronte. – Passe devant. Suivez-moi, suivez-moi, seigneur Argante.

Silvestre. – Voilà une aventure qui est tout à fait surprenante.

1. **Las :** hélas.
2. **Abandonnement :** abandon.

Scène 8

SCAPIN, SILVESTRE

SCAPIN. – Hé bien ! Silvestre, que font nos gens ?

SILVESTRE. – J'ai deux avis[1] à te donner. L'un, que l'affaire d'Octave est accommodée[2]. Notre Hyacinte s'est trouvée la fille du seigneur Géronte ; et le hasard a fait ce que la prudence des pères avait délibéré[3]. L'autre avis, c'est que les deux vieillards font contre toi des menaces épouvantables, et surtout le seigneur Géronte.

SCAPIN. – Cela n'est rien. Les menaces ne m'ont jamais fait mal ; et ce sont des nuées[4] qui passent bien loin sur nos têtes.

SILVESTRE. – Prends garde à toi : les fils se pourraient bien raccommoder avec les pères, et toi demeurer dans la nasse[5].

SCAPIN. – Laisse-moi faire, je trouverai moyen d'apaiser leur courroux[6], et…

SILVESTRE. – Retire-toi, les voilà qui sortent.

Scène 9

GÉRONTE, ARGANTE, SILVESTRE, NÉRINE, HYACINTE

GÉRONTE. – Allons, ma fille, venez chez moi. Ma joie aurait été parfaite, si j'y avais pu voir votre mère avec vous.

ARGANTE. – Voici Octave, tout à propos.

1. **Avis :** nouvelles.
2. **Accommodée :** arrangée.
3. **Délibéré :** décidé.
4. **Nuées :** nuages (menaces).
5. **La nasse :** le piège.
6. **Courroux :** colère.

Scène 10

Octave, Argante, Géronte, Hyacinte, Nérine, Zerbinette, Silvestre

Argante. – Venez, mon fils, venez vous réjouir avec nous de l'heureuse aventure de votre mariage. Le Ciel…

Octave, *sans voir Hyacinte.* – Non, mon père, toutes vos propositions de mariage ne serviront de rien. Je dois lever le masque avec vous, et l'on vous a dit mon engagement.

Argante. – Oui ; mais tu ne sais pas…

Octave. – Je sais tout ce qu'il faut savoir.

Argante. – Je te veux dire que la fille du seigneur Géronte…

Octave. – La fille du seigneur Géronte ne me sera jamais de rien.

Géronte. – C'est elle…

Octave, *à Géronte.* – Non, Monsieur ; je vous demande pardon, mes résolutions sont prises.

Silvestre, *à Octave* – Écoutez…

Octave. – Non : tais-toi, je n'écoute rien.

Argante, *à Octave.* – Ta femme…

Octave. – Non, vous dis-je, mon père, je mourrai plutôt que de quitter mon aimable Hyacinte. *(Traversant le théâtre pour aller à elle.)* Oui, vous avez beau faire, la voilà celle à qui ma foi est engagée ; je l'aimerai toute ma vie et je ne veux point d'autre femme.

ARGANTE. – Hé bien ! c'est elle qu'on te donne. Quel diable d'étourdi, qui suit toujours sa pointe[1] !

HYACINTE, *montrant Géronte.* – Oui, Octave, voilà mon père que j'ai trouvé, et nous nous voyons hors de peine.

GÉRONTE. – Allons chez moi : nous serons mieux qu'ici pour nous entretenir.

HYACINTE, *montrant Zerbinette.* – Ah ! mon père, je vous demande par grâce que je ne sois point séparée de l'aimable personne que vous voyez ; elle a un mérite qui vous fera concevoir de l'estime pour elle, quand il sera connu de vous.

GÉRONTE. – Tu veux que je tienne chez moi une personne qui est aimée de ton frère, et qui m'a dit tantôt au nez mille sottises de moi-même ?

ZERBINETTE. – Monsieur, je vous prie de m'excuser. Je n'aurais pas parlé de la sorte, si j'avais su que c'était vous, et je ne vous connaissais que de réputation.

GÉRONTE. – Comment, que de réputation ?

HYACINTE. – Mon père, la passion que mon frère a pour elle n'a rien de criminel, et je réponds de sa vertu.

GÉRONTE. – Voilà qui est fort bien. Ne voudrait-on point que je mariasse mon fils avec elle ? Une fille inconnue, qui fait le métier de coureuse[2].

1. **Sa pointe :** son idée.
2. **Coureuse :** séductrice.

Scène 11

Léandre, Octave, Hyacinte, Zerbinette, Argante, Géronte, Silvestre, Nérine

Léandre. – Mon père, ne vous plaignez point que j'aime une inconnue, sans naissance et sans bien. Ceux de qui je l'ai rachetée viennent de me découvrir qu'elle est de cette ville, et d'honnête famille; que ce sont eux qui l'y ont dérobée à l'âge de quatre ans; et voici un bracelet, qu'ils m'ont donné, qui pourra nous aider à trouver ses parents.

Argante. – Hélas! à voir ce bracelet, c'est ma fille, que je perdis à l'âge que vous dites.

Géronte. – Votre fille?

Argante. – Oui, ce l'est, et j'y vois tous les traits[3] qui m'en peuvent rendre assuré.

Hyacinte. – Ô Ciel! que d'aventures extraordinaires!

3. **Traits :** signes.

Scène 12

Carle, Léandre, Octave, Géronte, Argante, Hyacinte, Zerbinette, Silvestre, Nérine

Carle. – Ah ! Messieurs, il vient d'arriver un accident étrange.

Géronte. – Quoi ?

Carle. – Le pauvre Scapin…

Géronte. – C'est un coquin que je veux faire pendre.

Carle. – Hélas ! Monsieur, vous ne serez pas en peine de cela. En passant contre un bâtiment, il lui est tombé sur la tête un marteau de tailleur de pierre, qui lui a brisé l'os et découvert toute la cervelle. Il se meurt, et il a prié qu'on l'apportât ici pour vous pouvoir parler avant que de mourir.

Argante. – Où est-il ?

Carle. – Le voilà.

Cyrano de Bergerac

Poète, romancier et auteur de théâtre, Cyrano a vécu au début du XVIIe siècle. Plus connu pour *Les États et Empires de la Lune et du Soleil*, il est aussi l'auteur d'une pièce de théâtre, *Le Pédant joué*, à laquelle Molière a emprunté la célèbre réplique : « Que diable allait-il faire dans cette galère ? » Il serait mort en 1655, victime du même accident que Scapin.

Scène 13

Scapin, Carle, Géronte, Argante, etc.

Scapin, *apporté par deux hommes et la tête entourée de linges, comme s'il avait été bien blessé.* – Ahi, ahi, Messieurs, vous me voyez… ahi, vous me voyez dans un étrange état. Ahi. Je n'ai pas voulu mourir sans venir demander pardon à toutes les personnes que je puis avoir offensées. Ahi. Oui, Messieurs, avant que de rendre le dernier soupir, je vous conjure de tout mon cœur de vouloir me pardonner tout ce que je puis vous avoir fait, et principalement le seigneur Argante, et le seigneur Géronte. Ahi.

ARGANTE. – Pour moi je te pardonne ; va, meurs en repos.

SCAPIN, *à Géronte.* – C'est vous, Monsieur, que j'ai le plus offensé, par les coups de bâton que…

GÉRONTE. – Ne parle point davantage, je te pardonne aussi.

SCAPIN. – Ç'a été une témérité bien grande à moi, que les coups de bâton que je…

GÉRONTE. – Laissons cela.

SCAPIN. – J'ai, en mourant, une douleur inconcevable des coups de bâton que…

GÉRONTE. – Mon Dieu ! tais-toi.

SCAPIN. – Les malheureux coups de bâton que je vous…

GÉRONTE. – Tais-toi, te dis-je, j'oublie tout.

SCAPIN. – Hélas ! quelle bonté ! Mais est-ce de bon cœur, Monsieur, que vous me pardonnez ces coups de bâton que…

GÉRONTE. – Eh ! oui. Ne parlons plus de rien ; je te pardonne tout, voilà qui est fait.

SCAPIN. – Ah ! Monsieur, je me sens tout soulagé depuis cette parole.

GÉRONTE. – Oui ; mais je te pardonne à la charge[1] que tu mourras.

SCAPIN. – Comment, Monsieur ?

GÉRONTE. – Je me dédis de ma parole, si tu réchappes[2].

SCAPIN. – Ahi, ahi. Voilà mes faiblesses qui me reprennent.

Dernière fourberie

Une tradition scénique veut qu'après sa dernière réplique, Scapin enlève son bandage, se lève en bondissant et se fasse porter triomphalement au bout de la table du banquet.

1. **À la charge :** à condition.
2. **Réchappes :** guéris.

Scène 13

Argante. – Seigneur Géronte, en faveur de notre joie, il faut lui pardonner sans condition.

Géronte. – Soit.

Argante. – Allons souper[1] ensemble, pour mieux goûter notre plaisir.

Scapin. – Et moi, qu'on me porte au bout de la table, en attendant que je meure.

1. **Souper :** dîner, au XVIIe siècle.

Ci-contre :
Eugène Devéria (1808-1865), la scène finale des *Fourberies de Scapin*, huile sur toile, musée des Beaux-Arts, Pau.

Pause lecture 8

Avez-vous bien lu ?

- Argante retrouve-t-il sa fille :

❑ après des recherches ? ❑ grâce à Scapin ? ❑ par pur hasard ?

Au fil du texte

Scènes 7, 8 et 9

1. Comment Géronte retrouve-t-il sa fille à la scène 7 ? Quelles informations ont préparé ces retrouvailles ?

Scène 10

2. Sur quel quiproquo (voir Outils de lecture p. 135) repose le début de la scène ? Qu'ignore Octave ? Pourquoi la didascalie de la ligne 3 est-elle importante ?
3. Combien de fois Octave interrompt-il son père ? Par quel signe de ponctuation cela se traduit-il dans le texte ? Montrez qu'Octave a évolué depuis la scène 3 de l'acte I.
4. **Zoom sur les lignes 24 à 43**

   a. Que propose Géronte à Octave après avoir révélé l'identité de Hyacinte (l. 24-25) ?

   b. Que doit encore obtenir Hyacinte ? Quels arguments Hyacinte et Zerbinette avancent-elles pour tenter de le faire fléchir ?

   c. Quelles sont les réticences de Géronte à l'égard de Zerbinette ?

Scène 11

5. La reconnaissance de Zerbinette par son père est-elle préparée par l'intrigue ? Cette scène de reconnaissance vous semble-t-elle vraisemblable ?

6 Commentez l'expression de Hyacinte à la fin de la scène 11 « Ô Ciel ! que d'aventures extraordinaires ! » (l. 12). Pourquoi peut-on parler ici de coup de théâtre ? (voir Outils de lecture p. 134)

7 Pourquoi la pièce ne s'arrête-t-elle pas à la scène 11 ? Que reste-t-il à dénouer ?

Scènes 12 et 13

8 Scapin va-t-il mourir ? Trouvez dans une didascalie de la scène un indice qui permet de répondre.

9 Comparez les réactions de Géronte et d'Argante. Quelle différence de caractère retrouvez-vous ?

10 Sur quels mots se termine la scène ? Est-ce vrai ?

Pour conclure

11 Montrez que tout est bien qui finit bien.

12 Quels sont les deux coups de théâtre qui permettent aux jeunes gens d'obtenir l'accord de leurs pères pour leurs mariages ? Sont-ils vraisemblables ? Scapin joue-t-il un rôle dans l'heureux dénouement ?

Vocabulaire Préfixes

a. Quel est le préfixe employé pour former l'adjectif dans l'expression « une douleur inconcevable » (scène 13, l. 17) ? Quel est le sens de ce préfixe ?

b. Formez avec le même préfixe les antonymes des adjectifs suivants :
compétent – possible – buvable – modéré – lisible.

Écriture

Le dénouement des *Fourberies de Scapin* comporte des coups de théâtre. En vous inspirant de votre expérience personnelle, racontez une situation qui a été soudain bouleversée par un événement imprévu.

Retour sur...

I L'action

1. Que s'est-il passé entre l'acte II et l'acte III ?

2. Quel personnage, absent dans les actes précédents, est très présent dans l'acte III ? Quelle en est la raison ?

3. De quoi Scapin veut-il se venger avec la scène du sac ?

4. Combien trouve-t-on de fourberies dans cet acte ? Précisez lesquelles et dans quelles scènes.

5. Montrez que dans cet acte Molière délaisse la vraisemblance du dénouement au profit de son aspect dynamique et mécanique.

II Les personnages

6. Pourquoi Zerbinette était-elle aux mains des Égyptiens ? Quel objet permet de l'identifier ?

7. Quel est le caractère de Zerbinette ? Trouvez trois citations pour l'illustrer. En quoi est-elle différente de Hyacinte ?

8. Pourquoi Géronte avait-il laissé une fille à Tarente ? Qu'est devenue sa mère ? Sous quel nom Géronte se faisait-il alors appeler ? Comment retrouve-t-il sa fille ?

9. Citez trois qualités de Scapin dans cet acte.

10. De quel personnage se moque-t-on le plus dans l'acte III ?

III Une comédie

11. Donnez un exemple de chacune de ces formes de comique dans la pièce : comique de gestes ; comique de mots ; comique de situation et comique de caractère.

12. À quoi servent les didascalies ?

Le dossier du collégien

Testez votre lecture

1 Qui est qui ?

Complétez les phrases suivantes afin de préciser les liens entre les personnages.

a. Le père de Zerbinette s'appelle ....
b. La mère de Hyacinte est ....
c. Argante est le père de ....et de ....
d. Géronte est le père de...et de ....
e. Nérine est ....

2 Vrai ou faux

Cochez la case qui convient.

	VRAI	FAUX
1. Octave est fiancé à Hyacinte et Léandre est marié à Zerbinette.	❑	❑
2. Scapin a obtenu 200 écus de Géronte et 500 pistoles d'Argante.	❑	❑
3. Zerbinette est libérée grâce à une rançon.	❑	❑
4. Hyacinte est identifiée par son bracelet de naissance.	❑	❑
5. L'autre nom de Géronte est Pandolphe.	❑	❑
6. Scapin meurt à la fin de la pièce.	❑	❑

3 Remettez les fourberies dans l'ordre.

a. La fourberie de la blessure à la tête : ......
b. La fourberie du sac : ......
c. La fourberie de la galère : ......

4 Complétez les citations devenues célèbres.

A

Ah ! fâcheuses nouvelles pour ....

B

Il vaut mieux encore être marié qu'être ....

C

Que diable allait-il faire ....?

D

Et moi, qu'on me porte au bout de la table en attendant que ....

5 Qui en veut à Scapin ?

Précisez l'auteur de chaque réplique.

a. C'est toi, traître, qui faisais le loup-garou ?
b. Ah, infâme ! ah, traître ! ah, scélérat ! C'est ainsi que tu m'assassines !
c. Le pendard de Scapin, par une fourberie, m'a attrapé deux cents pistoles.

6 Quels personnages de valets se cachent derrière ces anagrammes ?

a. EGNLLESAAR
b. STEVILSER
c. NACIPS

L'œuvre en un coup d'œil

Scènes	Personnages	Actions
		ACTE I
Scène 1	Octave, Silvestre	Octave apprend que son père, Argante, est de retour et qu'il veut le marier à la fille de Géronte.
Scène 2	Scapin, Octave, Silvestre	Scapin est sollicité : Octave a épousé en secret Hyacinte, et Léandre est tombé amoureux d'une Égyptienne. Octave a besoin d'argent pour sortir Hyacinte de la misère.
Scène 3	Hyacinte, Octave, Scapin, Silvestre	Scapin, après avoir refusé, accepte d'aider Octave.
Scène 4	Argante, Scapin, Silvestre	**Première fourberie** : Scapin plaide pour Octave auprès de son père en disant que le mariage était forcé.
Scène 5	Scapin, Silvestre	Silvestre félicite Scapin, tout en lui rappelant le besoin de trouver de l'argent. Scapin demande à Silvestre sa collaboration.
		ACTE II
Scène 1	Géronte, Argante	Géronte reproche à Argante la mauvaise conduite de son fils, en retour Argante lui laisse entendre que Léandre, d'après Scapin, a fait pire encore.
Scène 2	Léandre, Géronte	Léandre tente de se justifier auprès de son père et en veut à Scapin de l'avoir trahi.
Scène 3	Octave, Scapin, Léandre	Léandre, en colère, s'en prend à Scapin, qui avoue trois méfaits à l'égard de son maître mais aucune trahison auprès de Géronte.
Scène 4	Carle, Scapin, Léandre, Octave	Nécessité de trouver 500 écus pour racheter Zerbinette et 200 pistoles pour aider Octave.
Scène 5	Argante, Scapin	**Deuxième fourberie** : Scapin essaie d'obtenir 200 pistoles d'Argante. Le prétexte : le soi-disant frère de Hyacinte accepte que le mariage de sa sœur soit rompu en échange d'argent pour son équipement militaire.
Scène 6	Silvestre, Argante, Scapin	**Troisième fourberie** : Silvestre est déguisé en spadassin. Argante, terrorisé, accepte de donner les 200 pistoles et renonce à aller en justice.
Scène 7	Géronte, Scapin	**Quatrième fourberie** : l'invention de la galère turque pour obtenir de Géronte la rançon de 500 écus.
Scène 8	Octave, Léandre, Scapin	Scapin donne aux fils l'argent obtenu des pères.

ACTE III		
Scène 1	**Zerbinette, Hyacinte, Scapin, Silvestre**	Hyacinte et Zerbinette font connaissance, Scapin songe à sa vengeance.
Scène 2	**Géronte, Scapin**	**Cinquième fourberie** : la scène du sac.
Scène 3	**Zerbinette, Géronte**	Zerbinette raconte naïvement à Géronte, dont elle ignore l'identité, les tours que Scapin vient de lui jouer.
Scènes 4	**Silvestre, Zerbinette**	Silvestre révèle à Zerbinette l'identité de son interlocuteur.
Scène 5	**Argante, Silvestre**	Silvestre répond aux reproches que lui fait Argante en rejetant la faute sur Scapin.
Scène 6	**Géronte, Argante, Silvestre**	Les pères sont en colère et la fille de Géronte, introuvable.
Scène 7	**Nérine, Argante, Géronte, Silvestre**	Hyacinte se révèle être la fille de Géronte. Nérine sa nourrice, en raison de leur pauvreté, n'a pas pu s'opposer au mariage avec Octave.
Scène 8	**Scapin, Silvestre**	Silvestre informe Scapin que l'affaire d'Octave est arrangée mais le met en garde contre la colère des pères.
Scène 9	**Géronte, Argante, Silvestre, Nérine, Hyacinte**	Géronte accueille sa fille Hyacinte.
Scène 10	**Octave, Argante, Géronte, Hyacinte, Nérine, Zerbinette, Silvestre**	Quiproquo d'Octave qui ignore les retrouvailles entre Hyacinte et Géronte. Hyacinte supplie son père d'accueillir Zerbinette et de lui pardonner ses paroles.
Scène 11	**Léandre, Octave, Hyacinte, Zerbinette Argante, Géronte, Silvestre, Nérine**	Argante reconnaît le bracelet de Zerbinette qui se révèle être la fille qu'on lui avait enlevée autrefois.
Scène 12	**Carle, Léandre, Octave, Géronte, Argante, Hyacinte, Zerbinette, Silvestre, Nérine**	Carle annonce que Scapin a eu un accident et qu'il se meurt.
Scène 13	**Tous**	**Sixième fourberie** : Scapin, qui fait semblant d'être mourant, obtient le pardon des pères.

Genre Farce ou comédie ?

Une pièce mal reçue

Dans le sac ridicule où Scapin s'enveloppe,
Je ne reconnais plus l'auteur du Misanthrope. (Boileau, *Art poétique*, 1674).

- Ce jugement sévère reflète en partie la déception des spectateurs de 1671 face à la nouvelle création de Molière : après des comédies (*Le Misanthrope, Dom Juan, Le Tartuffe*) où il les avait fait **réfléchir par le rire,** le célèbre dramaturge semble revenir aux farces de sa jeunesse.
Et si Molière avait voulu mêler, au contraire, dans *Les Fourberies de Scapin*, toutes les ressources du comique ?

> « *Les spectateurs de 1671 sont déçus par cette nouvelle pièce.* »

Une farce bouffonne

- La pièce emprunte beaucoup à la **farce**, intermède bouffon qui ponctuait ou « farcissait » les longues représentations sacrées du Moyen Âge. Le comique repose sur **l'exagération des caractères, les jeux de mots gras, les coups de bâton répétitifs**. Le personnage de Géronte et ses mésaventures sont dignes des meilleures farces de Tabarin ou de Turlupin, célèbres farceurs que Molière a pu découvrir dans sa jeunesse, sur les tréteaux du Pont-Neuf. Devenu chef de troupe, Molière a joué dans de nombreuses farces pendant sa longue tournée en province, de 1646 à 1658.

Une comédie d'intrigue

- Molière a directement emprunté l'intrigue des *Fourberies de Scapin* à une **comédie de Térence**, auteur latin (IIe siècle av. J.-C.), le *Phormion* : deux fils tombent amoureux en l'absence de leurs pères qui avaient pour eux d'autres projets de mariage. Tout finit par s'arranger grâce à Phormion, un parasite rusé qui soutire de l'argent aux vieillards et les mène de fourberie en fourberie.

- Molière s'est également inspiré pour le personnage de Scapin d'une autre grande tradition théâtrale, celle de la ***commedia dell'arte***. À son retour à Paris, en 1658, il partage la salle du Petit-Bourbon avec la troupe de Fiorilli, qui avait créé sur la scène le personnage de **Scaramouche, valet fourbe et plein d'ingéniosité**, portant toujours un habit rayé vert. La comédie italienne fournit aussi à Molière les figures de vieillards acariâtres que sont Géronte et Argante et les personnages typiques des jeunes gens, passionnés mais démunis devant l'autorité de leurs pères. Quiproquos, naufrages, reconnaissances et mariages sont tirés de ce théâtre où l'improvisation tient une grande place.

Une comédie de caractère

- La liste des personnages est d'une parfaite symétrie : deux pères, deux fils, deux jeunes filles, deux valets. Derrière ce **parallélisme** se cachent de **subtiles variations** qui donnent à la pièce toute sa profondeur psychologique. Géronte et Argante ont les défauts habituels des pères dans les pièces de Molière : ils sont autoritaires, colériques, têtus ; Géronte est toutefois une caricature du premier et devient ainsi la victime désignée de Scapin et la risée de tous. Les couples d'amoureux sont assortis : Octave et Hyacinte, plus effacés, Léandre et Zerbinette, impulsifs et impatients de vivre leur passion. Silvestre est un valet ordinaire, soumis à l'autorité de ses maîtres, peureux, dans l'ombre de Scapin dont il fait ressortir le génie.

> *« Une pièce inclassable, à la fois farce, comédie d'intrigue et comédie de caractère. »*

- Il s'agit bien d'une **pièce inclassable**, à la fois farce, comédie d'intrigue et comédie de caractère. Elle est à l'image du valet qu'elle met en scène : insaisissable, changeante et souple, ce qui explique des débuts timides, puis un immense succès jamais démenti.

Thème Résister au plus fort par la ruse (6e)

Renverser les rôles et prendre la place de son maître

- Dépendant de ses maîtres pour l'argent et soumis à leur autorité, Scapin réussit par ses **fourberies à inverser** momentanément les rapports de forces. Il obtient ainsi des pères, pourtant connus pour leur avarice, une belle somme d'argent, 200 pistoles d'Argante (II, 6) et 500 écus de Géronte (II, 7) grâce à des menaces imaginaires et à leur lâcheté. Argante, après avoir refusé de donner l'argent, finit par céder devant la peur d'un spadassin, qui n'est autre que Silvestre déguisé. Quant à Géronte, il n'opposera pas de résistance à se mettre dans un sac pour échapper aux soldats soi-disant partis à sa recherche (III, 2).
- Par son **ingéniosité**, le valet **domine** un moment son maître **verbalement mais aussi physiquement**, puisqu'il donne à Géronte des coups de bâton. **En position de force**, Scapin **est ravi** quand les deux avares se délestent de leur argent ou supplient le valet de les protéger.

Une inversion momentanée et avant tout ludique

- Cependant **la victoire du valet** sur ses maîtres est **fragile** et ne dure que le temps d'une scène : Géronte finit par sortir la tête du sac (III, 7) et découvrir la supercherie, Argante constate, comme Géronte, qu'il a été berné (III, 6). Dès lors, Scapin est obligé de se faire passer pour mourant pour obtenir le pardon de ses maîtres (III, 13). La pièce de Molière, sans inverser les situations sociales, proclame **le pouvoir du théâtre**, qui permet au valet de **jouer** au soldat imaginaire et de faire chanter son maître.
- **Scapin**, incarné à l'époque par Molière, apparaît comme **le double de son auteur** : comme lui, il imagine une intrigue en multipliant les rôles pour son bonheur et celui du spectateur. Si le dénouement heureux résulte plus du hasard que des ruses de Scapin, le valet est bel et bien le héros de la pièce et son talent ouvre la voie à d'autres valets contestataires comme le Figaro de Beaumarchais ou l'Arlequin de Marivaux au XVIIIe siècle.

Avec autrui : familles, amis, réseaux (5e)

Pères/fils, des relations tendues

- En l'absence de leur père et sans leur consentement, Octave s'est marié avec Hyacinte, et Léandre fiancé avec Zerbinette. Or, tous deux apprennent que leurs pères ont d'autres projets de mariage à leur égard. L'audace des fils s'explique par **leur jeunesse** et la fougue de leur amour.
- L'opposition entre les parents et les enfants renvoie en effet à un **conflit de générations**, comme le souligne le choix du prénom de Géronte qui signifie « vieillard ». Là où les pères se distinguent par leur **avarice**, la jeunesse semble plus **insouciante**, même si elle n'est pas détachée des préoccupations financières nécessaires à la réalisation des mariages.

Une mécanique théâtrale plus qu'un tableau de famille réaliste

- Molière veut **dépayser** son spectateur au moyen d'une intrigue à la fois fantaisiste et invraisemblable et d'un *imbroglio* (situation embrouillée) parfaitement ficelé et merveilleusement dénoué. L'exacte **symétrie des situations familiales** souligne le côté artificiel de l'histoire tout en renforçant l'efficacité du **mécanisme**. L'objectif n'est pas dans la vraisemblance de la peinture sociale, mais dans le **plaisir des coups de théâtre ou des ruses** imaginées par un valet toujours en mouvement, comme l'indique son nom qui vient de l'italien *scappare* qui signifie « s'échapper ».

Couples, familles, amis : tous réunis

- Molière fait aussi allusion aux **relations de couple**. Face à la spontanéité de l'amour des fils, les jeunes filles semblent plus réfléchies et lucides : Zerbinette **craint** de ne pouvoir épouser Léandre et Hyacinte **s'inquiète** de la fidélité d'Octave (I, 3 et III, 1). Quant à Scapin il proclame, de son côté, que la tranquillité est un obstacle à l'amour (III, 1). Mais ces questions sont à peine effleurées et les inquiétudes vite **dissipées** car au dénouement, **tout le monde est réuni** pour le meilleur !

Texte 1

Le valet de Cléante, surnommé La Flèche, a réussi à dérober à Harpagon, le père avare et tyrannique de Cléante, sa cassette, afin d'aider le fils à épouser celle qu'il aime.

Acte III, Scène 6

CLÉANTE, LA FLÈCHE

LA FLÈCHE, *sortant du jardin avec une cassette.* – Ah ! Monsieur, que je vous trouve à propos ! Suivez-moi vite.

CLÉANTE. – Qu'y a-t-il ?

LA FLÈCHE. – Suivez-moi, vous dis-je ; nous sommes bien.

CLÉANTE. – Comment ?

LA FLÈCHE. – Voici votre affaire.

CLÉANTE. – Quoi ?

LA FLÈCHE. – J'ai guigné[1] ceci tout le jour.

CLÉANTE. – Qu'est-ce que c'est ?

LA FLÈCHE. – Le trésor de votre père, que j'ai attrapé.

CLÉANTE. – Comment as-tu fait ?

LA FLÈCHE. – Vous saurez tout. Sauvons-nous ; je l'entends crier.

Molière, *L'Avare*, 1668.

1. **Guigné** : surveillé.

Texte 2

Toinette imagine une ruse pour ouvrir les yeux d'Argan sur l'amour que lui porte sa femme Béline…

Acte III, Scène 11

TOINETTE, ARGAN, BÉRALDE

TOINETTE, *à Béralde*. – Voulez-vous que je vous convainque et vous fasse voir tout à l'heure comme madame aime monsieur ? *À Argan*. Monsieur, souffrez que je lui montre son bec jaune[1] et le tire d'erreur.

ARGAN. – Comment ?

TOINETTE. – Madame s'en va revenir. Mettez-vous tout étendu dans cette chaise, et contrefaites[2] le mort. Vous verrez la douleur où elle sera quand je lui dirai la nouvelle.

ARGAN. – Je le veux bien.

TOINETTE. – Oui ; mais ne la laissez pas longtemps dans le désespoir, car elle en pourrait bien mourir.

ARGAN. – Laisse-moi faire.

TOINETTE, *à Béralde*. Cachez-vous, vous, dans ce coin-là.

ARGAN. – N'y a-t-il point quelque danger à contrefaire le mort ?

TOINETTE. – Non, non. Quel danger y aurait-il ? Étendez-vous là seulement. *Bas*. Il y aura plaisir à confondre votre frère. Voici madame. Tenez-vous bien.

1. **Son bec jaune :** sa sottise, son ignorance.
2. **Contrefaites :** imitez.

Acte III, Scène 12

Béline, Toinette, Argan, Béralde

Toinette, *s'écrie* : – Ah ! mon Dieu ! Ah ! malheur ! quel étrange accident !

Béline. – Qu'est-ce, Toinette ?

Toinette. – Ah ! madame ! Qu'y a-t-il ?

Toinette. – Votre mari est mort.

Béline. – Mon mari est mort ?

Toinette. – Hélas ! oui. Le pauvre défunt est trépassé.

Béline. – Assurément ?

Toinette. – Assurément. Personne ne sait encore cet accident-là, et je me suis trouvée ici toute seule. Il vient de passer entre mes bras. Tenez, le voilà tout de son long dans cette chaise.

Béline. – Le Ciel en soit loué ! Me voilà délivrée d'un grand fardeau. Que tu es sotte, Toinette, de t'affliger de cette mort !

Toinette. – Je pensais, madame, qu'il fallût pleurer.

Béline. – Va, va, cela n'en vaut pas la peine. Quelle perte est-ce que la sienne, et de quoi servait-il sur la terre ? Un homme incommode à tout le monde, malpropre, dégoûtant, sans cesse un lavement ou une médecine dans le ventre, mouchant, toussant, crachant toujours, sans esprit, ennuyeux, de mauvaise humeur, fatiguant sans cesse les gens, et grondant jour et nuit servantes et valets.

Toinette. – Voilà une belle oraison funèbre.

Béline. – Il faut, Toinette, que tu m'aides à exécuter mon dessein[1], et tu peux croire qu'en me servant ta récompense est sûre. Puisque, par un bonheur, personne n'est encore averti de la chose, portons-le dans son lit, et tenons cette mort cachée jusqu'à ce que j'aie fait mon affaire. Il y a des papiers, il y a de l'argent, dont je veux me saisir, et il n'est pas juste que j'aie passé sans fruit auprès de lui mes plus belles années. Viens, Toinette : prenons auparavant toutes ses clefs.

ARGAN, *se levant brusquement.* – Doucement !

BÉLINE. – Aïe. *surprise et épouvantée.*

ARGAN. – Oui, madame ma femme, c'est ainsi que vous m'aimez ?

TOINETTE. – Ah ! ah ! le défunt n'est pas mort.

Molière, *Le Malade imaginaire*, 1673.

1. Dessein : projet.

Texte 3

Le valet du comte Almaviva, Figaro, doit se marier avec Suzanne, la servante de la comtesse. Mais le comte a donné un rendez-vous galant à la fiancée de Figaro afin d'en faire sa maîtresse. Heureusement Figaro ne manque pas d'idées pour déjouer les projets du comte ; il songe ainsi à envoyer, à la place de Suzanne, le jeune page Chérubin ...

Acte II, Scène 2

FIGARO, SUZANNE, LA COMTESSE

[…]

FIGARO. – Oh ! dame, écoutez donc ; les gens qui ne veulent rien faire de rien n'avancent[1] rien, et ne sont bons à rien. Voilà mon mot.

SUZANNE. – Il est joli !

LA COMTESSE. – Comme son idée : vous consentiriez qu'elle s'y rendît ?

FIGARO. – Point du tout. Je fais endosser un habit de Suzanne à quelqu'un : surpris par nous au rendez-vous, le comte pourra-t-il s'en dédire[2] ?

SUZANNE. – À qui mes habits ?

FIGARO. – Chérubin.

LA COMTESSE. – Il est parti.

FIGARO. – Non pas pour moi : veut-on me laisser faire ?

SUZANNE. – On peut s'en fier à lui pour mener une intrigue.

FIGARO. – Deux, trois, quatre à la fois ; bien embrouillées, qui se croisent. J'étais né pour être courtisan.

SUZANNE. – On dit que c'est un métier si difficile !
FIGARO. – Recevoir, prendre, et demander ; voilà le secret en trois mots.
LA COMTESSE. – Il a tant d'assurance qu'il finit par m'en inspirer.
FIGARO. – C'est mon dessein[3].
SUZANNE. – Tu disais donc ?
FIGARO. – Que, pendant l'absence de Monseigneur je vais vous envoyer le Chérubin : coiffez-le, habillez-le ; je le renferme et l'endoctrine[4] ; et puis dansez, Monseigneur.

(Il sort.)

Beaumarchais, *Le Mariage de Figaro*, 1784.

1. N'avancent : n'osent. **2. Dédire :** dire qu'il n'y était pas. **3. Dessein :** but. **4. L'endoctrine :** je lui explique son rôle.

Texte 4

Silvia et Dorante doivent se rencontrer car ils vont se marier. Pour mieux observer Dorante, Silvia, fille de M. Orgon, échange son identité avec Lisette, sa servante. Or Dorante a eu la même idée : il se présente au rendez-vous déguisé en valet, sous le nom de Bourguignon, tandis qu'Arlequin se fait passer pour son maître. Finalement Lisette et Arlequin, tombés amoureux, se révèlent l'un à l'autre leur identité de valet et de servante et faisant contre fortune bon cœur, rient de la situation. Ils décident même de jouer un tour à leur maître en faisant croire à Dorante que celle qu'il prend pour Silvia, en réalité Lisette, est prête à épouser un valet…

Acte III, Scène VII
DORANTE, ARLEQUIN

DORANTE. – Eh bien, tu quittes la fille d'Orgon ; lui as-tu dit qui tu étais ?
ARLEQUIN. – Pardi ! oui. La pauvre enfant ! j'ai trouvé son cœur plus doux qu'un agneau ; il n'a pas soufflé[1]. Quand je lui ai dit que je m'appelais Arlequin, et que j'avais un habit d'ordonnance[2] : « Eh bien, mon ami, m'a-t-elle

dit, chacun a son nom dans la vie, chacun a son habit. Le vôtre ne vous coûte rien ; cela ne laisse pas d'être gracieux. »

DORANTE. – Quelle sotte histoire me contes-tu là ?

ARLEQUIN. – Tant y a que je vais la demander en mariage.

DORANTE. – Comment ! elle consent à t'épouser ?

ARLEQUIN. – La voilà bien malade !

DORANTE. – Tu m'en imposes[3] ; elle ne sait pas qui tu es.

ARLEQUIN. – Par la ventrebleu ! voulez-vous gager que je l'épouse avec la casaque[4] sur le corps ; avec une souquenille[5], si vous me fâchez ? Je veux bien que vous sachiez qu'un amour de ma façon, n'est point sujet à la casse, que je n'ai pas besoin de votre friperie pour pousser ma pointe[6], et que vous n'avez qu'à me rendre la mienne.

DORANTE. – Tu es un fourbe ; cela n'est pas concevable, et je vois bien qu'il faudra que j'avertisse M. Orgon.

ARLEQUIN. – Qui ? notre père ? Ah ! le bon homme ! nous l'avons dans notre manche. C'est le meilleur humain, la meilleure pâte d'homme !... Vous m'en direz des nouvelles.

DORANTE. – Quel extravagant ! As-tu vu Lisette ?

ARLEQUIN. – Lisette ? non. Peut-être a-t-elle passé devant mes yeux ; mais un honnête homme ne prend pas garde à une chambrière. Je vous cède ma part de cette attention-là.

DORANTE. – Va-t'en ; la tête te tourne.

ARLEQUIN. – Vos petites manières sont un peu aisées[7] ; mais c'est la grande habitude qui fait cela. Adieu. Quand j'aurai épousé, nous vivrons but à but[8]. Votre soubrette arrive. Bonjour, Lisette : je vous recommande Bourguignon ; c'est un garçon qui a quelque mérite.

Marivaux, *Le Jeu de l'amour et du hasard*, 1730.

1. Il n'a pas soufflé : il n'a pas protesté. **2. Un habit d'ordonnance :** un habit de valet.
3. Tu m'en imposes : tu me trompes. **4. Casaque :** habit de valet. **5. Souquenille :** longue blouse de travail.
6. Pousser ma pointe : m'avancer dans le monde. **7. Un peu aisées :** sans gêne. **8. But à but :** à égalité.

Lecture d'images

Observez l'image → Voir verso de couverture en début d'ouvrage

Décor de Robert Hirsch pour *Les Fourberies de Scapin*, Comédie-Française, 1956.

1 Quelle est la nature du document : tableau, aquarelle, dessin ?

2 Repérez tous les éléments qui rappellent le port de Naples.

3 A quelle époque le décor renvoie-t-il ? Justifiez votre réponse.

4 Que pensez-vous de ce décor ? Si vous étiez chargé du décor de la pièce, que proposeriez-vous pour l'acte I ?

Observez l'image → Voir verso de couverture en fin d'ouvrage

Les Fourberies de Scapin, mise en scène de Denis Podalydès, Comédie-Française, 2017, avec Benjamin Lavernhe (Scapin) et Didier Sandre (Géronte).

1 À quelle scène de la pièce l'image correspond-elle ? Cherchez les répliques qui pourraient l'illustrer.

2 Quel stratagème Scapin utilise-t-il pour subtiliser l'argent ? Cette astuce est-elle indiquée dans les didascalies du texte ?

3 Quel type de comique la mise en scène accentue-t-elle ?

4 Comment sont habillés les acteurs ? Ces costumes sont-ils d'époque ? Que révèlent-ils sur leur condition sociale ?

5 De quoi est constitué le décor ? Montrez qu'il contraste avec celui de l'image p. 132.

Outils de lecture

	Définitions	Exemples
Accessoire (un)	Objet utilisé sur scène par un acteur.	Le sac dans lequel Scapin cache Géronte (III, 2) ou l'épée avec laquelle Léandre veut frapper Scapin (II, 3).
Acte (un)	Ensemble de plusieurs scènes.	L'acte I des *Fourberies de Scapin* comporte 5 scènes.
Acteur (un)	Personne qui joue sur scène et incarne un personnage.	Benjamin Lavernhe interprète Scapin en 2017.
Aparté (un)	Réplique prononcée par un personnage s'adressant à lui-même ou aux spectateurs. Les autres personnages ne sont pas censés l'entendre.	SCAPIN, *à part*. – Nous y avons songé. (I, 4)
Comédie (une)	Genre dramatique dont le but est de faire rire le public par les caractères, les situations, le langage, le jeu des acteurs.	*Les Fourberies de Scapin*, *L'Avare*...
***Commedia dell'arte* (la)**	Genre théâtral comique venu d'Italie, basé sur l'improvisation.	Scapin est un personnage issu de la *commedia dell'arte*.
Coulisses (les)	Espaces situés de part et d'autre de la scène, qui ne sont pas visibles depuis la salle.	
Coup de théâtre (un)	Péripétie ou rebondissement qui modifie complètement la situation des personnages.	Hyacinte se révèle être la fille de Géronte. (III, 7).
Décor (un)	Ensemble des éléments qui entourent les comédiens sur scène.	Voir image décor de Robert Hirsch p. 132.
Dénouement (un)	Fin de la pièce qui règle le sort des personnages.	Les scènes 8 à 13 de l'acte III participent au dénouement de la pièce.
Didascalie (une)	Indication scénique donnée par l'auteur, qui n'est pas dite sur scène.	SCAPIN, *apporté par deux hommes et la tête entourée de linges, comme s'il avait été bien blessé.*
Distribution (la)	Liste des personnages et de leur rôle.	Voir p. 14.

Double énonciation (la)	Les personnages, tout en se parlant entre eux, s'adressent aussi au public.	SCAPIN. – Je sens venir les choses. (I, 2)
Exposition (une)	Scène ou groupe de scènes qui, au début de la pièce, donne les informations nécessaires à la compréhension de l'intrigue.	Les scènes 1 et 2 de l'acte I forment l'exposition de la pièce.
Farce (une)	Petite pièce populaire où le comique repose souvent sur des gestes ou des coups.	La scène du sac relève du genre de la farce.
Nœud (le)	Ensemble des problèmes que les personnages doivent résoudre.	Trouver de l'argent pour sortir Hyacinte de la misère, racheter Zerbinette, et faire accepter aux pères le mariage des fils avec celles qu'ils aiment.
Péripétie (une)	Événement qui modifie la situation.	Le retour anticipé des pères.
Quiproquo (un)	Situation qui résulte d'un malentendu.	Acte III, scène 10 : Octave ignore que Hyacinte est la fille de Géronte.
Réplique (une)	Mots ou ensemble de phrases prononcés à la suite par un même personnage.	SCAPIN. – Monsieur, pour le mulet, pour son cheval et celui de son homme, pour le harnais et les pistolets, et pour payer quelque petite chose qu'il doit à son hôtesse, il demande en tout deux cents pistoles (II, 5).
Rôle (un)	Ensemble des répliques et des actions d'un comédien incarnant un personnage.	Le rôle de Scapin était joué par Molière.
Scène de reconnaissance (une)	Découverte tardive d'une identité méconnue.	Hyacinte découvre qu'elle est la fille de Géronte (III, 7) et Zerbinette est identifiée, grâce à son bracelet, comme la fille d'Argante (III, 11).
Sticho-mythie (la)	Échange rapide de répliques très courtes.	La fin de la scène 3 de l'Acte II.
Tirade (une)	Longue réplique d'un personnage.	Acte I, scène 4, l. 80-90.
Type (un)	Personnage caricatural.	Géronte illustre le type de l'avare.

Les mots de l'analyse littéraire

■ **Antithèse** : opposition très forte entre deux termes.

Ex. Scapin. – Mon Dieu ! Je vous connais, vous êtes **bon** naturellement.
Argante. – Je ne suis point bon, et je suis **méchant** quand je veux. (I, 4)

■ **Antiphrase** : on exprime une idée par son contraire dans une intention ironique.

Ex. *Argante vient de s'apercevoir que son fils, laissé à la surveillance de Silvestre, s'est marié.*
Argante, *apercevant Silvestre.* – Ah ! ah ! vous voilà donc, sage gouverneur de famille, beau directeur de jeunes gens.

■ **Champ lexical** : ensemble de mots qui développent un thème commun.

Ex. Champ lexical du vêtement habillement, jupe, brassières de nuit, futaine, cornette (I, 2).

■ **Comique de mots** : on fait rire en exploitant les ressources du langage (répétitions, jeux de mots...).

Ex. Zerbinette. – Il y a à son nom du ron... ronte. Or.... Oronte. Non. Gé.... Géronte. (III, 3)

■ **Comique de caractère** : on fait rire en s'appuyant sur la psychologie des personnages (avarice, bêtise...).

Ex. Avarice de Géronte qui éclate à la scène 7 de l'acte III.

■ **Comique de gestes** : on fait rire grâce aux jeux de scène et aux gestes (coups de bâton, gifles...)

Ex. II, 7.

■ **Comique de situation** : on fait rire en tirant parti des situations (quiproquos, malentendus, rencontres imprévues...)

Ex. (II, 1)
Géronte. – [...] si vous aviez, en brave père, bien morigéné votre fils, il ne vous aurait pas joué le tour qu'il vous a fait.
Argante. – Fort bien. De sorte donc que vous avez bien morigéné le vôtre ?
Géronte. – Sans doute, et je serais bien fâché qu'il m'eût rien fait approchant de cela.

■ **Énumération** : accumulation de termes.

Ex. Scapin. – « Comment, pendard, vaurien, infâme, fils indigne d'un père comme moi [...] » (I, 3).

■ **Hyperbole** : exagération.

Ex. Géronte. – Ah ! seigneur Argante, vous me voyez **accablé de disgrâce**.
Argante.- Vous me voyez aussi dans un **accablement horrible**. (III, 6)

■ **Métaphore** : comparaison sans outil de comparaison.

Ex. des gens qui aboient après nous (I, 5).

■ **Mots de la même famille** : mots qui ont un radical commun.

■ **Niveau de langue** : on distingue plusieurs niveaux de langage ou manière de s'exprimer : familier, courant ou soutenu.

Ex. Ah ! coquins, ah ! canaille, vous en voulez par-là ; je vous en ferai tâter votre soûl. (II, 6)

■ **Proverbe** : maxime, dicton.

Ex. Géronte. – Un malheur nous est toujours l'avant-coureur d'un autre. (III, 6)

■ **Répétition** : reprise d'un mot identique.

Ex. Géronte. – Que diable allait-il faire dans cette galère ? (II, 7)

■ **Registre** : Effets produits par un texte sur le spectateur ou le lecteur.

■ **Registre comique** : ensemble des effets d'un texte qui visent à faire rire le spectateur.

Ex. III, 2

■ **Registre pathétique** : ensemble des effets d'un texte qui visent à émouvoir le spectateur.

Ex. I, 2

■ **Registre ironique** : ensemble des effets d'un texte qui visent à dire le contraire de ce que l'on pense, afin de se moquer ou de critiquer.

Ex. I, 4

■ **Sens figuré** : sens imagé, abstrait d'un mot.

Ex. SILVESTRE. – Vous me faites bien plus **mourir** par vos actions étourdies. (I, 1)

■ **Sens propre** : sens premier, concret d'un mot.

■ **Type de phrases** : on distingue quatre types de phrases, les phrases déclaratives, exclamatives, interrogatives, injonctives.

Phrases déclarative

Ex. SCAPIN. *même jeu.* – Il faut qu'il soit caché en quelque endroit qu'on ne puisse point deviner. (II, 7)

Phrase exclamative

Ex. SCAPIN. – Holà, holà ! tout doucement. Comme diantre vous allez vite ! (II, 8)

Phrase injonctive

Ex. SCAPIN. – Écoutons-le un peu. (I, 4)

Phrase interrogative

Ex. GÉRONTE. – Qu'y a-t-il, Scapin ? (II, 7)

Les Fourberies de Scapin, mise en scène de Denis Podalydès, Comédie-Française, 2017, avec Benjamin Lavernhe (Scapin) et Gilles David (Argante).

À lire À voir

À lire

D'autres pièces de Molière avec des valets

◆ ***L'Étourdi* (1655)**
Mascarille imagine de multiples ruses pour permettre à son maître d'épouser Célie, une jeune esclave captive chez le vieux Trufaldin, un vieil homme qui ressemble étrangement à Géronte.

◆ ***Le Malade imaginaire* (1673)**
Dans cette dernière comédie, Molière met en scène un vieillard si attaché à son médecin qu'il envisage de marier sa fille au fils de ce dernier.

Des personnages aux mille ruses

◆ **Homère, L'*Odyssée*, VIIIe siècle av. J.-C.**
Ulysse échappera-t-il aux pièges tendus par Poséidon, le dieu de la mer, et à la fureur du Cyclope ? Résistera-t-il aux charmes de la nymphe Calypso, de la magicienne Circé et des Sirènes ? Heureusement, il a plus d'un tour dans son sac...

◆ ***Le Roman de Renart*, Moyen Âge**
Ce renard rusé se joue de tous les animaux de la forêt et leur tend sans arrêt des pièges de plus en plus dangereux. Restera-t-il impuni pour ses méfaits ?

À voir

Le théâtre au cinéma

◆ ***Les Enfants du paradis*, Marcel Carné, 1945**
Cette magnifique histoire d'amour impossible retrace la vie, au XIXe siècle, des acteurs du féerique « Boulevard du crime » et de ses plus grandes « stars » : l'acteur Frédérick Lemaître et le mime Baptiste, à la poursuite de Garance l'inaccessible.

◆ ***Scaramouche*, Georges Sidney, 1952**
André Moreau découvre que son frère adoptif, Philippe de Valmorin, est recherché par la police royale. Il décide de le protéger et s'enfuit avec lui en province. Malgré leurs ruses, les deux hommes sont rattrapés et Valmorin est tué. Moreau jure alors de venger son frère. Il se cache dans une troupe de comédiens et interprète Scaramouche…

Molière sur grand et petit écran…

◆ ***Molière*, Ariane Mnouchkine, 1978**
Véritable fresque de la vie de Molière par le Théâtre du Soleil, l'une des plus grandes troupes actuelles.

◆ ***Molière*, Laurent Tirard, 2007**
La vie de Molière comme vous ne l'avez jamais imaginée ! Le jeune Molière, endetté, trouve un emploi peu commun : un riche bourgeois (M. Jourdain) l'introduit chez lui pour profiter de ses leçons. Molière devient son maître de théâtre…

◆ **Molière, *Les Fourberies de Scapin*,** mise en scène de Denis Podalydès à la Comédie-Française, automne 2017.

◆ **www.toutmoliere.net**

Table des illustrations

Couverture : *Les Fourberies de Scapin*, mise en scène de Denis Podalydès, Comédie-Française 2017-2018, Avec Benjamin Lavernhe (Scapin) et Didier Sandre (Géronte).
© Pascal Victor/ArtComPress

Conception graphique : Julie Lannes
Design de couverture : Élise Launay
Recherche iconographique : Gaëlle Mary et Édith Garraud
Mise en page : Linéale
Édition : Sonia Berthelot

Collège

22. *3 contes sur la curiosité*
40. *3 meurtres en chambre close*
44. *4 contes de sorcières*
5. *4 fabliaux du Moyen Âge*
27. *4 nouvelles réalistes sur l'argent*
81. *Anthologie du slam*
109. *Contre vents et marées*
100. *Figures de monstres*
26. *La Folie dans les nouvelles fantastiques*
94. *Le Diable dans les contes*
2. *Le Loup dans les fables*
41. *Les Textes fondateurs*
86. *Lettres de poilus 1914-1918*
93. *Paris au XIXe siècle*
98. *Quand le quotidien devient étrange...*
101. *Ruses, mensonges et masques*
64. *Ali Baba et les quarante voleurs*
4. *La Farce du cuvier*
37. *Le Roman de Renart*
65. *Tristan et Iseut*
73. **Balzac**, *Adieu*
84. **boccace**, *Décaméron*
94. **Carroll**, *Les Aventures d'Alice au pays des merveilles*
74. **chrétien de Troyes**, *Yvain, le Chevalier au lion*
104. **Corneille**, *Le Cid*
51. **Courteline**, *Le gendarme est sans pitié*
38. **Dumas**, *Les Frères corses*
1. **Homère**, *L'Odyssée*
71. **Feydeau**, *Le Fil à la patte*
67. **Gautier**, *La Morte amoureuse*
80. **Hugo**, *Claude Gueux*
83. **Hugo**, *Cosette, une enfance malheureuse*
29. **Hugo**, *Le Dernier Jour d'un condamné*
3. **Leprince de beaumont**, *La Belle et la Bête*
91. **London**, *Nouvelles du Grand Nord*
108. **Marivaux**, *La Colonie*
10. **Maupassant**, *Boule de Suif*
43. **Maupassant**, *4 nouvelles normandes*
62. **Mérimée**, *Carmen*
11. **Mérimée**, *La Vénus d'Ille*
68. **Molière**, *George Dandin*
7. **Molière**, *L'Avare*
76. **Molière**, *L'École des femmes*
23. **Molière**, *Le Bourgeois gentilhomme*
58. **Molière**, *Le Malade imaginaire*
70. **Molière**, *Le Médecin malgré lui*
52. **Molière**, *Le Sicilien*
36. **Molière**, *Les Fourberies de Scapin*
28. **Musset**, *Il ne faut jurer de rien*
102. **Némirovsky**, *3 nouvelles*
6. **Nicodème**, *Wiggins et le Perroquet muet*
21. **Noguès**, *Le Faucon déniché*
59. **Perrault**, *3 contes*
8. **Pouchkine**, *La Dame de Pique*
39. **Rostand**, *Cyrano de Bergerac*
9. **Stevenson**, *Dr. Jekyll et Mr. Hyde*
90. **Shakespeare**, *Roméo et Juliette*
24. **Simenon**, *L'Affaire Saint-Fiacre*
105. **Swift**, *Voyage à Lilliput*
61. **Verne**, *Un hivernage dans les glaces*
25. **Voltaire**, *Le Monde comme il va*
17. **Voltaire**, *Micromégas*
42. **Zweig**, *Le Joueur d'échecs*
53. **Zola**, *Nantas*
87. **Zola**, *Amour et mariage au XIXe siècle*

LYCÉE

31. *L'Encyclopédie* (textes choisis)
75. *L'Homme en débat au* XVIII*e siècle* (anthologie)
82. *Nouvelles réalistes et naturalistes* (anthologie)
103. *Paroles de femmes* (anthologie)
107. *Poésie et politique* (anthologie)
106. *Rencontrer l'autre* (anthologie)
110. *Une terre et des hommes* (anthologie)
85. **Apollinaire**, *Alcools*
33. **Balzac**, *Gobseck*
60. **Balzac**, *L'Auberge rouge*
47. **Balzac**, *La Duchesse de Langeais*
18. **Balzac**, *Le Chef d'œuvre inconnu*
72. **Balzac**, *Pierre Grassou*
95. **Baudelaire**, *Tableaux parisiens*
32. **Beaumarchais**, *Le Mariage de Figaro*
20. **Corneille**, *Le Cid*
78. **Corneille**, *Médée*
56. **Flaubert**, *Un cœur simple*
92. **Giraudoux**, *La guerre de Troie n'aura pas lieu*
77. **Hugo**, *Les Contemplations : Pauca Meae*
49. **Hugo**, *Ruy Blas*
48. **Marivaux**, *L'Île des esclaves*
57. **Marivaux**, *Les Acteurs de bonne foi*
19. **Maupassant**, *La Maison Tellier*
69. **Maupassant**, *Une partie de campagne*
55. **Molière**, *Amphitryon*
15. **Molière**, *Dom Juan*
79. **Molière**, *Le Misanthrope*
35. **Molière**, *Le Tartuffe*
63. **Musset**, *Les Caprices de Marianne*
14. **Musset**, *On ne badine pas avec l'amour*
46. **Racine**, *Andromaque*
66. **Racine**, *Britannicus*
30. **Racine**, *Phèdre*
13. **Rimbaud**, *Illuminations*
99. **Rimbaud**, *Les Cahiers de Douai*
50. **Verlaine**, *Fêtes galantes et romances sans paroles*
45. **Voltaire**, *Candide*
88. **Voltaire**, *Zadig*

FSC
www.fsc.org
MIXTE
Papier issu de sources responsables
FSC® C022030

Nathan est un éditeur qui s'engage pour la préservation de son environnement et qui utilise du papier fabriqué à partir de bois provenant de forêts gérées de manière responsable.

N° édition : 10238951 - Dépôt légal : mars 2018
Imprimé en France par la Nouvelle Imprimerie Laballery - N° 801407

La Nouvelle Imprimerie Laballery est titulaire de la marque Imprim'Vert®